節約の強い味方です！

理由 2

外食に行かずに済む！

「今日、ごはん作るの面倒だな……」と思うとつい外食に行きたくなってしまうけど、冷蔵庫に作りおきおかずがあれば、行かずに済みます。同じ理由でお惣菜《そうざい》なども、買う機会をぐんと減らすことができるはず！

理由 3

冷蔵庫がいつでもスッキリする！

[illegible]を一度に仕[illegible]と、生の食[illegible]蔵庫に入れ[illegible]ります。肉[illegible]ックから[illegible]凍用保存袋[illegible]凍するので、[illegible]に余裕のあ

理由 4

とにかく家事が時短できる！

作りおき&下味冷凍の最大のメリットはコレ！ 週に一度の仕込みで、日々の家事に割く時間を大幅に削減することができます。「今日は、何を作ろうかな？」と献立に悩むストレスからもフリーに。

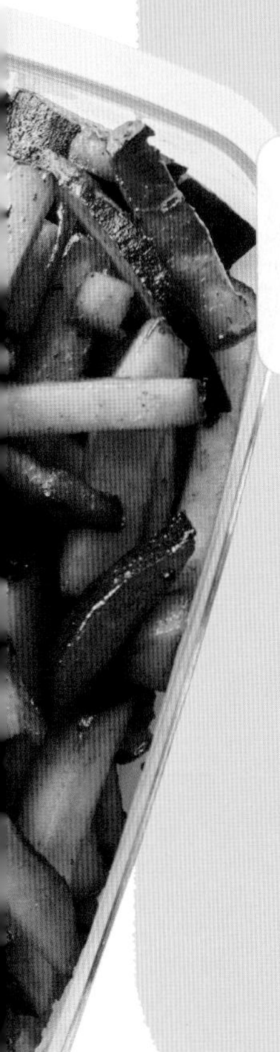

はじめに

はじめましての方、いつもインスタグラムを見ていただいている方、あらためまして、ののこと言います。

わが家は4人家族で、今の夫（通称ゴリちゃん、出張が多く数か月家を空けることもしばしば）とは再婚になります。

娘は中学生、息子は保育園児と年の離れた子どもふたりがいて、とても賑《にぎ》やかなわが家ですが、数年前に最大のピンチが訪れました。

それは夫の借金発覚！ それも総額300万円!!

原因は夫のゲーム課金などの浪費ぐせでした。

これを機にわが家では、家計管理を全面的に見直すことに。
自分なりに本や雑誌でお金の勉強をしたり、SNSで情報を集めたりして、節約生活を開始。
その結果、貯金ゼロから1年で130万円貯金できるほど、ムダを減らすことに成功しました。

同時に数年前からインスタグラムで、家計管理や家事について情報を発信しています。

おかげさまで多くの方に見ていただけるようになりました。

反響は想像以上で、私のアカウントが偶然、出版社の目に留まり、初めての著書となる『スッキリ家事でお金を貯める！』を刊行することに。

本を通じてＴＶ出演などもさせていただくようになり、一気に私を知っていただく機会が増えました。

この本は前作で特に評判の良かった、作りおき&下味冷凍レシピについて1冊にまとめています。

私はそれほど料理が得意というわけではないので、レシピは簡単なものばかり。

一緒に買い物リストと献立表も紹介しているので、何も考えずにマネするだけで、1週間をのりきれるようになっています。

忙しい主婦の方、節約をがんばりたい方のお役に立てれば幸いです。

ののこ

もくじ

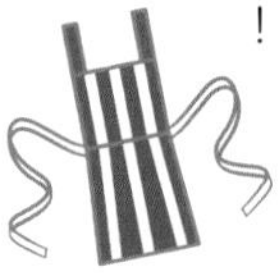

PART 3
作りおきおかず&下味冷凍

【2週目】

column 02
ひとりごはんにおすすめ！
5分でできる簡単丼レシピ

PART 4
作りおきおかず&下味冷凍

【3週目】

column 03
家族でワイワイ♪
ホットプレート活用レシピ

PART 5

作りおきおかず&下味冷凍

【4週目】

column 04

ホットケーキミックスでお手軽！

手作りおやつ

知っていると役に立つアイデア

【 本書の使い方 】

＊計量単位は大さじ1＝15mℓ、小さじ1＝5mℓです。
＊電子レンジは600Wのものを使用しています。500Wの場合は加熱時間を1.2倍に、700Wの場合は0.8倍にしてください。機種によって異なることがあるので、様子を見ながら加熱してください。
＊調理時間は目安です。様子を見ながら加減してください。
＊作りおき料理の保存期間は冷蔵で3〜4日を目安にしています。それよりも長く保存したい場合は冷凍で保存し、食べる直前に電子レンジで温め直してください。
＊「冷凍保存」マークのついているものは、すべての料理工程を終えてから冷凍可能な保存容器に入れて冷凍してください。

PART 1

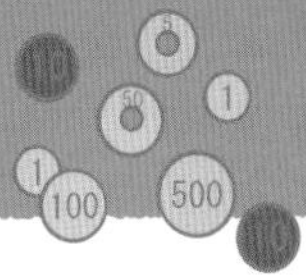

食費は毎月約3万円!

ののこ式 節約のワザ

食費を削るために実践していることを紹介します。
ポイントはムダを減らすこと。
家事もぐんとラクになりますよ!

【節約のワザ】

1

スーパーに行く回数を減らす

【キャベツなど】

冷凍できる野菜

キャベツや白菜などの葉物野菜やきのこ類は、作りおきおかずとして調理し、残りは使いやすい大きさに切って冷凍。凍ったまま料理に使えるので便利です。

【じゃがいもなど】

保存のきく野菜

じゃがいも、玉ねぎなど常温でも長持ちする野菜は、まとめ買いがお得。多めに買っていろいろな料理に使います。

【きゅうりなど】

生の野菜

トマトやきゅうりなどの生で食べることの多い野菜は、長持ちするよう保存の仕方にひと工夫。→P52あと1品欲しいときなどに重宝します。

節約を始める前は、特に買うものを決めずにスーパーに行くことも。「今日の夕飯、何にしようかな」なんて考えつつ、なんとなく安売りしていたり、気になったりしたものを購入。その結果、翌日以降の食事作りに困って、週に何回もスーパーに行く羽目になったり、使いきれずに余らせてしまう食材が出てきたりと、ムダが多い生活をしていました。

今は「週に1回、まとめ買いをする」というルールに変更。事前に買い物リストを作成し、「そこに載っているもの以外は購入しない」と決めています。たまに週の後半に買い物に行くこともありますが、必ず冷蔵庫の中身を確認し、足りないものだけを購入するように意識。食材をムダにすることがなくなり、食費も大幅に減らすことができました。

【 鶏肉など 】

肉・魚介類

肉や魚介はそのまま冷凍と下味冷凍 （→P12）の両方で保存。味つけを変えて飽きのこないよう工夫しています。お肉は家計にやさしい鶏肉と豚肉をメインに購入。

【節約のワザ】

2

日々のごはん作りは 作りおき＆下味冷凍フル活用！

夫は仕事柄、出張が多く、不在がちなので、わが家は私のワンオペ育児が基本。シングルマザーの経験があるとはいえ、やはり子どもふたりを育てるのは大変！　家事に割く時間を少しでも減らしたいと、料理は作りおきをメインにすることにしたら、とってもラク＆節約につながりました。

　肉や魚介は下味をつけてから保存袋に入れて冷凍保存。食べる日の朝に冷蔵庫に移して自然解凍し、夕飯前に加熱調理します。この方法だと、できたての味を楽しめると同時に、冷蔵庫で腐らす心配もなく、とっても便利。おかずはまとめ買いした食材を一気に調理し、使いきって作ります。できあがった料理は、冷蔵と冷凍に分けて保存。1日がんばれば1週間はのりきれるので、家事の効率化に成功しました。

一度に大量に仕込むのは大変ですが、そのあとのラクさを考えると、やめられません。

下味冷凍

肉や魚介は調味料で下味をつけてから冷凍することで、味しみしみに。袋にすべての材料を入れてもみ込むだけなので、洗い物も少なくて済みます。

作りおきおかず

朝食からお弁当作り、夕飯まで、作りおきおかずなしではやっていけません！　私は一度に8～10品程度仕込みますが、2～3品あるだけでも大助かりです。

【節約のワザ】

3

朝ごはんは作りおき＆冷凍ストックでスピーディーに！

朝はとにかくバタバタして、時間がないもの。余裕のあるときに、朝ごはん用のトーストとおにぎりの冷凍ストックを仕込んでおくと、慌てなくて済みます。食パンはツナマヨやピザ用のトッピングをのせてラップで包んで冷凍。ごはんは具を混ぜ込んで焼きおにぎりにしてから冷凍しておくと、食べる直前にレンジやトースターで温めるだけで、手軽にボリュームのある主食が完成します。

あとはサラダやヨーグルトなど、ちょっとしたものを添えたり、作りおきおかずをワンプレートで一緒に盛ったりすれば、立派な朝ごはんが完成！ほぼ調理はしないので、洗い物からも解放されます。

おすすめ冷凍ストック用のレシピは、48ページから紹介しているので、ぜひ、お試しを！

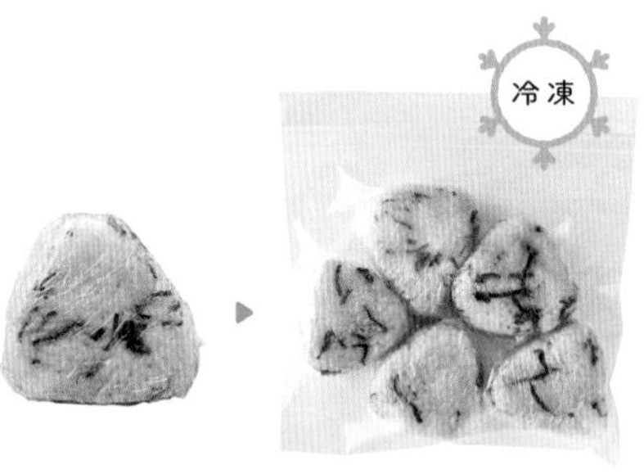

おにぎりの保存方法

ラップで1個ずつおにぎりを包み、まとめて冷凍用保存袋に入れて冷凍庫へ。1か月程度保存可能です。食べるときは1個ずつ取り出し、ラップをしたままレンジで温めればOK。

トーストの保存方法

1枚ずつトッピングをのせた食パンをラップで包み、冷凍用保存袋に入れて冷凍庫へ。1か月程度保存可能。食べるときは1枚ずつ取り出して、ラップをはずし、凍ったままトースターで焼けば完成！

【節約のワザ】

4

お弁当作りも作りおきで朝、詰めるだけ！

以前は大変だと感じていた娘のお弁当作りも、作りおきを仕込むようになってから、ぐんとラクになりました！

朝やることといえば、お弁当箱にごはんを詰めて、保存容器からおかずを移すだけ。たまに卵焼きなどを作ったりもしますが、それでも10分もかからず、準備が完了します。

週の後半のおかずは、長持ちするようひと工夫。作りおきを仕込んだ日に、あらかじめ料理の一部を少しだけおかずカップに入れて冷凍しておきます。メニューを考えるときになるべく、緑や赤など彩りの映えるものを入れておくと、大助かり。ブロッコリーやにんじんなどの野菜はとても重宝します。

時間があるときは、自家製ふりかけ作りもおすすめ。ごまや粉チーズなど余りがちな食材の掃除にも◎。

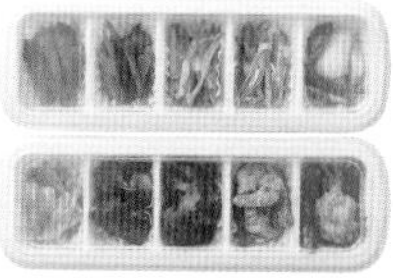

作りおきおかずを自家製冷凍食品としてお弁当に使っています。「ダイソー」で購入したふたつきの製氷器に紙カップを重ねて、仕込んだ日におかずを少しずつ取り分けて冷凍しておきます。お弁当作り当日の朝に、レンジで温めて詰めればとってもラク！

お弁当に重宝するふりかけレシピ

冷蔵または
冷凍でも保存可能

小松菜とじゃこのふりかけ

【 材料 】（作りやすい分量）

小松菜 … ½束
ちりめんじゃこ … 20g
かつお節 … 4パック（6g）
白炒《い》りごま … 大さじ1
A 砂糖、しょうゆ、みりん … 各大さじ1
A 酒 … 小さじ1

【 作り方 】

1 小松菜は細かく刻む。
2 フライパンにごま油適量（分量外）を入れて中火で熱し、小松菜、ちりめんじゃこ、かつお節の順に炒《いた》める。
3 火が通ったらAを加えてさらに炒め、汁気がなくなったらごまを加えて混ぜる。

ベーコンと粉チーズのふりかけ

【 材料 】（作りやすい分量）

スライスベーコン … 4〜5枚
粉チーズ … 大さじ1
ドライパセリ … 適量

【 作り方 】

1 ベーコンはみじん切りにする。
2 耐熱皿にペーパータオルを敷いて、その上に1を広げる。さらにその上にペーパータオルを重ねてラップをせずに電子レンジ（600W）で2分加熱する。ボウルに取り出し、熱いうちに粉チーズ、パセリを加えて混ぜる。

【節約のワザ】

5

激安スーパーをうまく利用する！

最近、大人気の業務用食材を扱う激安スーパーにも定期的に通っています。とにかく安くて、量がたくさん入っている商品が豊富！食べ盛りの子どもたちのおやつや、お弁当作りに活躍する揚げ物、コスパ抜群の主食系の食材をメインにお買い物。食材費の節約に大いに貢献してくれています。

購入したアイテムは、そのまま保存すると冷蔵庫がパンパンに。食べるときにも取り出しにくいので、基本的に1回に使う量ずつ、小分けにしてから保存しています。

ちなみに確実に欲しい商品をゲットしたいなら、激安スーパーには早めの時間帯に行くのがおすすめ。次ページから私がリピート買いしているアイテムと、その保存方法と活用法を紹介しているので、参考にしてみてください！

おすすめアイテム 1

ポテトサラダ

1キロと大容量のポテトサラダは、酸味がまろやかで子どもでも食べやすいのが特徴。そのまま食べたり、別の料理にアレンジしたりしても使えます。

【 保存方法① 】

保存容器に入れて冷蔵保存

購入してすぐに保存容器に入れ、ふたをして冷蔵庫へ。作りおきおかずと同じように副菜として食べます。そのほかにもオムレツやサンドイッチの具材にしたり、グラタンにアレンジしたりしても。

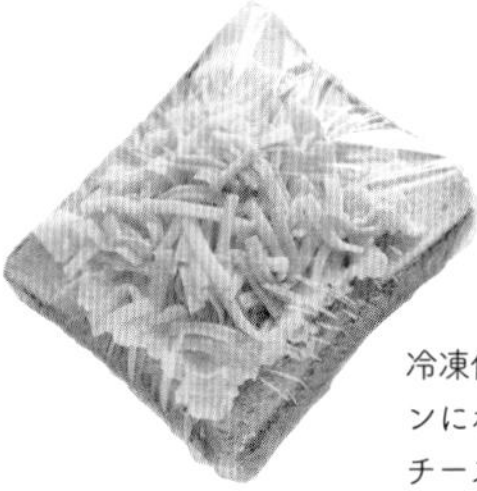

【 保存方法② 】

パンにのせて冷凍ストック

冷凍保存の場合はひと工夫。食パンにポテトサラダを塗り、ピザ用チーズをのせ、1枚ずつラップで包んで冷凍用保存袋に入れて冷凍庫へ。食べるときは凍ったままトースターで焼くと、おいしい!

おすすめアイテム 2

ウィンナソーセージ

1袋につき1キロと、量が多くて価格もリーズナブルな激安スーパーのソーセージはコスパ抜群! 冷凍すれば日持ちもするので、安心して購入できます。

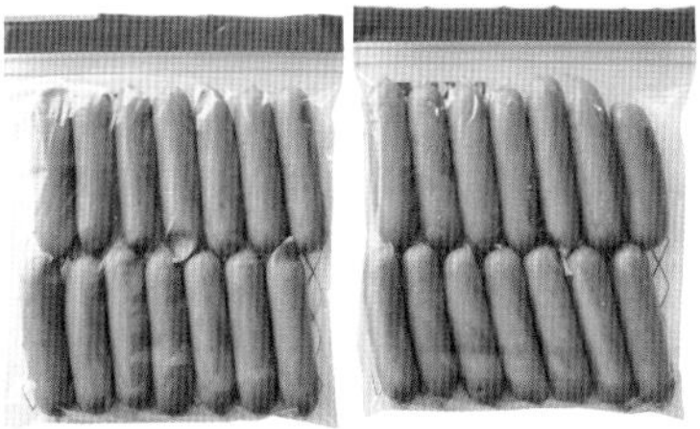

【 保存方法 】小分け冷凍

一度にすべては食べきれないので、基本は小分けして冷凍用保存袋に入れて冷凍しています。使うときは凍ったままゆでたり、焼いたりして加熱調理を。串で刺したい場合は、冷蔵庫で自然解凍します。

【 使い方アイデア 】

ミニアメリカンドッグ

ソーセージを使ってよく作るのが、アメリカンドッグです。作り方は簡単! ボウルにホットケーキミックス200g、 卵1個、牛乳140mℓを入れ、泡立て器でよく混ぜます。そこに爪楊枝を刺したソーセージをくぐらせて衣をつけ、油で揚げたらできあがり。子どもたちのおやつにぴったりです。

おすすめアイテム 3

ピザ生地

家族みんなが大好きなピザは、焼くだけの状態にして冷凍ストックを。激安スーパーのピザ生地は直径19cmと、ほどよい大きさなのもお気に入り。

✔ お手軽ピザソースレシピ

【 材料 】（作りやすい分量）

トマトケチャップ … 大さじ6
マヨネーズ … 大さじ2
オリーブオイル、砂糖、
　しょうゆ … 各小さじ2
にんにく（すりおろし）、
　塩、こしょう … 各少々

【 作り方 】

すべての材料をよく混ぜる。

【 保存方法 】

トッピングしてから冷凍保存

1

ピザ生地にピザソースを塗り、ウィンナソーセージやピーマン、ピザ用チーズをトッピングする。

2

1枚ずつラップで包み、冷凍庫で保存する。

食べるときは
凍ったまま
トースターでチン

おすすめアイテム 4

揚げ物

作るのに手間がかかる揚げ物も、市販品を使うとラク。わが家はチキンカツとフライドポテトをよく購入します。

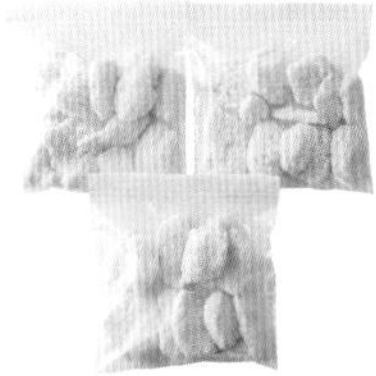

【 保存方法 】 小分け冷凍

500グラム〜1キロと大量に入っていることの多い揚げ物は、冷凍用保存袋に移しかえて、小分けに冷凍しておくと便利。食べるときはその都度油で揚げます。

おすすめアイテム 5

主食になるもの

激安スーパーはごはんや麺類など、主食系の食材もとってもリーズナブル。このふたつはリピート買いしています。

▶とにかく安いので、激安スーパーに行くたびに購入。朝ごはんのトースト （➔P48）用にひと手間かけてから冷凍を。

◀1玉ずつ購入することが可能です。次ページではわが家で繰り返し作っている、定番のうどんレシピを紹介！

ゆでうどんでお手軽

おすすめうどんレシピ

そぼろうどん

【 材料 】（2人分）
ゆでうどん…2玉
卵…2個
合いびき肉…200g
A｜酒、砂糖、しょうゆ、みりん…各大さじ2
めんつゆ…400mℓ
※めんつゆは、麺のかけつゆ程度の濃さのものを使用。希釈タイプなら薄めてから、ストレートタイプならそのまま使う。

【 作り方 】
1 温泉卵を作る。鍋にたっぷりの湯を沸かし、火を止めてから卵を入れ、12分ほどそのまま置く。
2 そぼろを作る。フライパンにひき肉を入れ、中火にかけてほぐしながら炒める。色が変わったらAを加え、汁気がほとんどなくなるまで炒める。
3 鍋にたっぷりの湯を沸かし、うどんを袋の表示通りにゆでる。ザルにあげて湯をきり、器に盛る。めんつゆを上からかけて2、1をのせる。

トマトと青じそのぶっかけうどん

【 材料 】（2人分）
ゆでうどん…2玉
トマト…2個
青じそ…3枚
A｜サラダ油、しょうゆ…各大さじ4
　｜白炒りごま…大さじ2
　｜砂糖、ごま油…各大さじ1½
　｜白だし…小さじ2

【 作り方 】
1 トマトはヘタを除いて小さめの乱切りにし、Aと和える。青じそはせん切りにする。
2 鍋にたっぷりの湯を沸かし、うどんを袋の表示通りにゆでる。ザルにあげて湯をきり、器に盛る。トマトをたれごとかけ、青じそをのせる。

【節約のワザ】

6

冷蔵庫の中を見える化して食材をムダにしない!

作りおきを始める前は、冷蔵庫が常に食材でパンパンの状態。よく、賞味期限のきれた納豆や、干からびた野菜が奥から出てくることもありました。

食材を腐らせてしまうこともしばしば。「これではいけない!」と思い、一念発起し、冷蔵庫の中身の見直しを開始。ほとんど使っていない調味料やいつか食べようと残しておいた瓶詰めなどは思い切って処分しました。ものの量を減らしたら、よく使う食材は白いケースに入れて収納。取り出しやすく、見えない部分をつくらないよう工夫することで、冷蔵庫が驚くほどスッキリしました!

また、作りおきベースの生活にしたので、生の野菜や肉をそ

取り出しやすい下2段は作りおきおかずを入れるスペースに。保存容器は透明で重ねやすいものを使用(→P76)することで、残量がひと目でわかるようにしています。

MONDAY

【月曜日の冷蔵庫】

わが家は1週間分の料理をたいてい月曜日に仕込むことが多いので、一番、冷蔵庫の中身が多い曜日です。とはいえ作りおきを始めてから、生の食材のまま冷蔵庫に入れることが少なくなったので、スペースに余裕ができるように。

のまま冷蔵庫へ入れることが減少。食材は必ず、調理か下ごしらえしてから冷蔵、冷凍のいずれかで保存するように。冷蔵庫内でかさばることもなく、使い勝手もいいので、今では食材を捨ててしまうことはありません。

ものを入れるときは必ず、定位置を決め、冷蔵庫内のスペースは常に余裕がある状態をキープ。そのおかげで、在庫が把握しやすい冷蔵庫になりました。

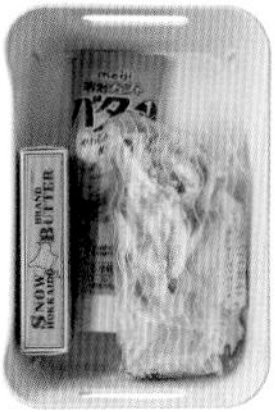

ソースやケチャップは「セリア」のケースに、バターやチーズなどの乳製品は「IKEA」のケースにそれぞれまとめて入れて収納。

冷蔵庫の2段目のケースにはヨーグルト、みそ、栄養ドリンクなどを入れています。ケースを使うことで、取り出したときに中身が全部見えるようになり、在庫を把握するのに効果的。

SUNDAY

【日曜日の冷蔵庫】

週末には冷蔵庫の中のものはほとんどなくなりスッキリとした状態に。1週間に一度、中身をリセットすることで、「これいつのだろう？」という謎の食材が冷蔵庫から出てくることはなくなりました。

【節約のワザ】

7

ストック食材はスッキリ収納でムダ買いを防ぐ

節約生活を始めると同時に、いろいろな人のライフスタイルをＳＮＳでチェックしていたら、「お金が貯まる人の家はきれいに片付いている」という共通点があることを発見！　そこで私も、家の中を全面的に見直して、きれいに整理整頓するように意識。そのひとつが、ストック食材の収納です。

　乾物や缶詰、調味料などの食材は、つい在庫状況を忘れがちなもの。スーパーで「あれ、あったっけ？」と疑問に思いつつ購入した挙げ句、家にも同じものがあった、なんて経験が以前は、結構ありました。今は白いボックスや透明なケースを活用し、食材ごとに整理して入れています。それぞれ定位置をしっかり決めることも忘れずに。昔よりも取り出しやすく、見やすくなったので、在庫状況の把握に役立っています。

食材のストックはこうやって収納！

1 入れ物を準備

「セリア」のファスナーケースとハードケース（小物入れケース）の2種類を用意。

【ファスナーケース】

【ハードケース】

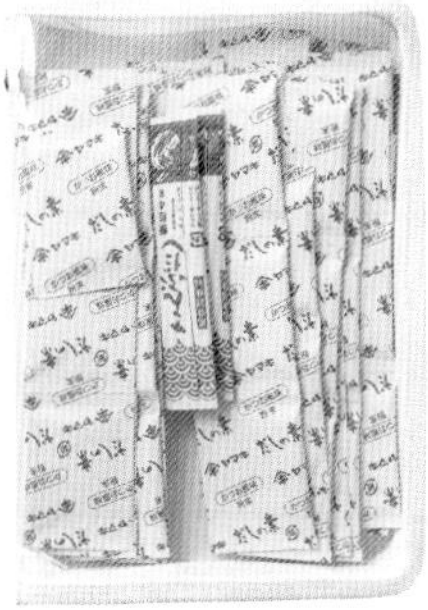

2 食材を入れる

ファスナーケースには顆粒《かりゅう》だしや唐辛子などの乾物、ふりかけなどを。ハードケースには小麦粉や砂糖、塩など、立てて収納すると底にたまりやすいものを優先的に。

3 ボックスにセット

「ダイソー」のボックスに入れます。

棚にしまいます

【節約のワザ】

8

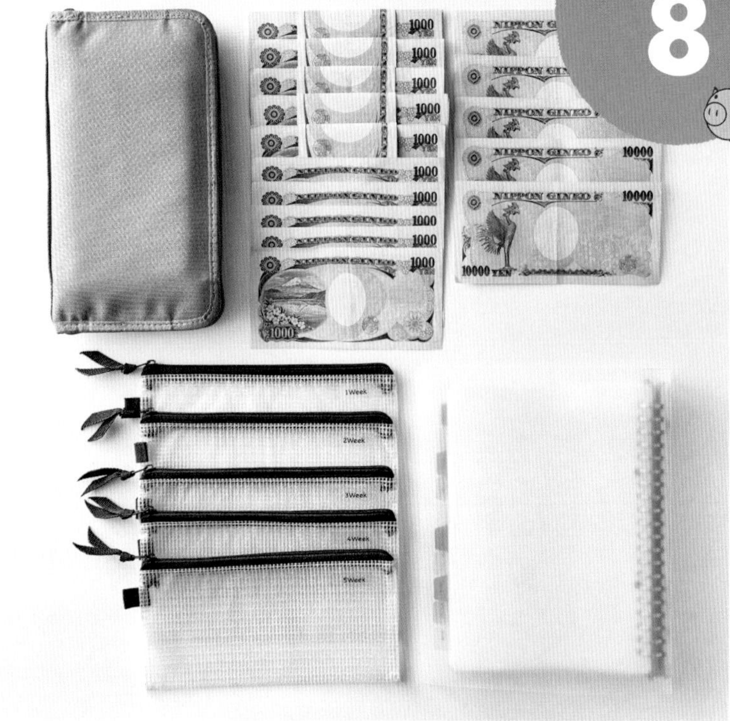

袋分け家計管理で食費をやりくりする

わが家の食費は毎月、3万円前後。夫が家を空けることも多く、実質私と子どもふたりの3人分の金額ですが、それでも「どうしてそんなに少ないんですか？」と驚かれることがあります。

キーワードは「袋分け」。家計にかかる金額を現金で引き出し、予算ごとに袋に仕分けしてその範囲内でやりくりする方法です。基本的に袋に入っている以上の金額を使わなければ、決して赤字になることはありません。使っていい金額が目で見てわかるので、ムダ遣いの削減に成功。

食費は1日千円で予算組みし、スーパーでまとめ買いするときは7千円以下を目安に。購入した食材で1週間分の料理を仕込んでおけば、あとは足りない食材を少し買う程度でのりきれます。この方法で毎月約3万円を達成できるようになりました。

袋分けの3ステップ

Step 1

給料日にお金を下ろす

光熱費や家賃などの固定費以外のお金を現金で一気に引き出します。基本的に夫の小遣い、予備費の一部以外はすべて千円札に。ゆうちょ銀行の場合は、1万円は「1万円」ではなく「10千円」とすると、千円札が10枚出てきます。

Step 2

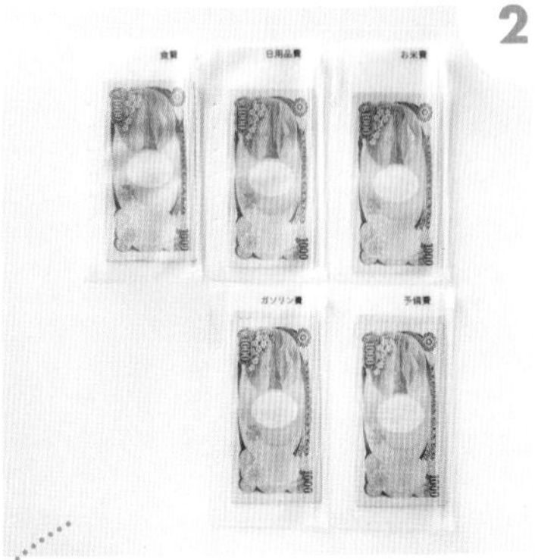

予算ごとに振り分ける

前月を参考に予算を決めてから、現金を「食費」「日用品費」「お米費」「ガソリン費」「予備費」の5項目に振り分け、袋に入れます。比較的大型の出費であるお米代を食費とは別項目にするのがポイント。袋は「無印良品」のクリアポケットを使用しています。

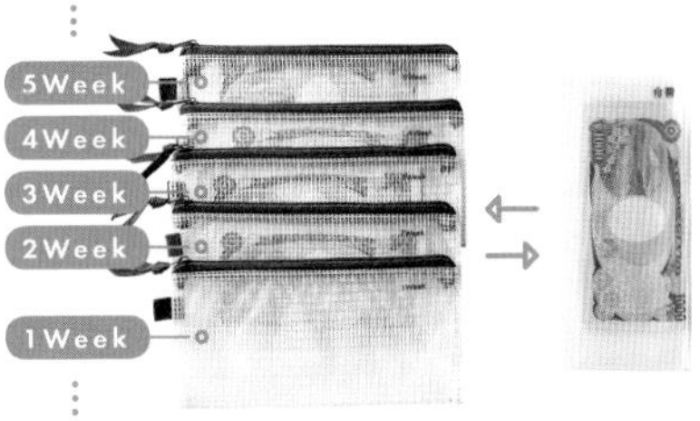

食費はさらに細分化して管理

ひとつの袋で管理すると計算して買い物するのが大変なので、食費のみ週ごとに予算分け。1日1000円とし、1週間7000円を4週分準備します。5週目は日割りで計算し、2日の場合は2000円を用意。1週間ごとに食費袋のお金を入れ替えて使っています。

Step 3

パスポートケースに入れて持ち歩く

同じ「無印良品」のパスポートケースにクリアポケットをセット。通帳や銀行のカード、クレジットカードも一緒に入れ、出かけるときはパスポートケースごとバッグへ。支払いはここからします。

給料日前日に残金の確認を！

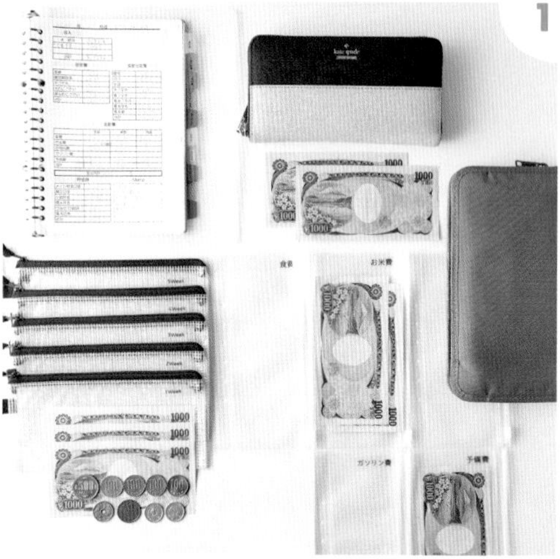

Step 1

〆日（給料日前日）に袋の中をCheck!

パスポートケースからクリアポケットを取り出して、袋の残金を確認。お米費など、もし出費がなかった場合は翌月に繰り越します。

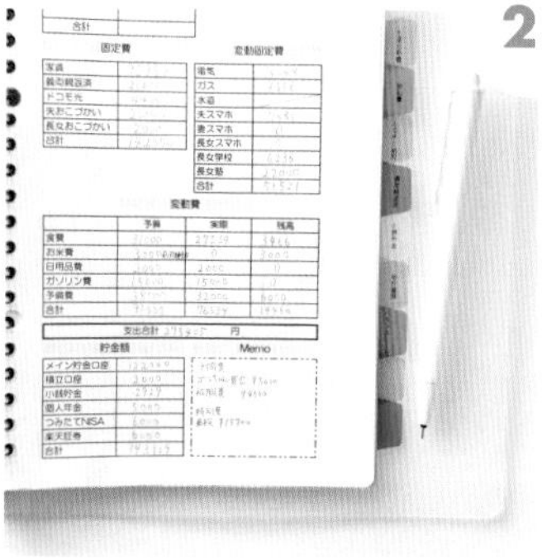

Step 2

家計簿に記入する

自分で作成したオリジナルの家計簿に残金を記入し、1か月の収支を計算します。
※家計簿のフォーマットは節約術・家計管理のブログでダウンロードできます （➔P128）

Step 3

余ったお金は貯金へ

使わずに残ったお金のうち、お札はメインの貯金口座へ、小銭は小銭用口座に入金し、〆の作業は完了です。

PART 2

作りおきおかず＆下味冷凍

1週目

実際にわが家でよく作っているレシピを紹介。
一気に14品作るので、ひとつひとつの料理はとても簡単です。
半端に余った野菜の保存法もチェック！

1週目の

買い物リスト&献立表

1st week

わが家の1週間をのりきる買い物リストと
献立例を紹介。週1の買い物と仕込みで、
それ以外の日はなるべくラクできるよう工夫しています。

※レシピは2～3人分を想定し、1週間をのりきるための分量になっています。

主要材料の買い物リスト

- 鶏もも肉……4枚
- 豚スペアリブ……500g
- 生鮭……2～3切れ
- ぶり……2～3切れ
- ウィンナソーセージ……5本
- ちくわ……5～6本
- 卵……2個
- しめじ……2パック
- 長ねぎ……1本
- ピーマン……2個
- ほうれん草……1束
- さつまいも……1本（約240g）
- 舞茸……1パック
- トマト……2個
- きゅうり……2本
- れんこん……150g
- パプリカ……2個
- 万能ねぎ……2本
- 焼き鳥缶（たれ）……2缶（130g）
- トマト缶（カットタイプ）……1缶（400g）
- 切り干し大根……30g

1週目の献立表

【夕食】

1日目	2日目	3日目	4日目
●チキンロール (→P42) ●トマトのはちみつレモン＊ (→P45) ●ほうれん草とちくわのナムル＊ (→P40)	●ぶりのねぎポンしょうが焼き (→P38) ●おつまみきゅうり (→P45) ●れんこんのオイスター炒め＊ (→P46)	●スペアリブの甘辛煮 (→P36) ●トマトのはちみつレモン＊ (→P45) ●きのことねぎの甘辛炒め (→P44)	●鮭《さけ》のガーリックバター焼き (→P37) ●なんちゃって大学いも＊ (→P41) ●切り干し大根のナポリタン風＊ (→P39)

5日目	6日目	7日目	
●鶏肉ときのこのトマトみそ煮 (→P34) ●ほうれん草とちくわのナムル＊ (→P40) ●れんこんのオイスター炒め＊ (→P46)	●マーマレードチキン (→P32) ●切り干し大根のナポリタン風＊ (→P39) ●パプリカの塩麹和え (→P47)	●スタミナ焼き鳥丼 (→P74) ●なんちゃって大学いも＊ (→P41)	

作りおきおかずの保存期間の目安は冷蔵庫で3～4日間。週の後半分は作ってすぐに冷凍保存しておきます

＊マークのものは2回に分けて食べます。

メモ

野菜が半端に余ったら上手に保存を

野菜を1袋単位で購入すると、半端に余ってしまうことも。そんなときは長持ちするよう工夫しています。きゅうりはペーパータオルで包んでから冷蔵庫の野菜室で保存 (→P52) し、盛りつけ、サラダに使用。ピーマンは食べやすい大きさにカットし、保存容器に水、氷とともに入れ、冷蔵庫へ。パリパリとした「冷やしピーマン」の完成です。万能ねぎは小口切りにし、冷凍保存。汁物やおかずの彩りなどに使います。

◀「冷やしピーマン」はそのまま食べても、オリーブオイル、塩、こしょうをかけてもおいしい

▶万能ねぎは「セリア」で購入したねぎポットに入れて冷凍。上下にふるとパラパラと取り出せて便利

マーマレードチキン

下味冷凍

冷凍効果でお肉に味がしみ込んで
やわらかく仕上がります。
甘い味つけで子どもも喜ぶ！

【 材料 】（2人分）

鶏もも肉…1枚
マーマレード…大さじ2
酒、しょうゆ、みりん
…各大さじ1

【 作り方 】

1 鶏肉はひと口大に切る。

2 冷凍用保存袋にすべての材料を入れ、袋の上からよくもみ込む。空気を抜いて袋の口を閉じ、冷凍する。

▶食べるとき

3 冷凍した2は冷蔵庫で自然解凍する。フライパンにサラダ油適量（分量外）を入れて中火で熱し、2をときどき混ぜながら火が通るまで焼く。

節約memo

リーズナブルな鶏肉は家計の強い味方！ 淡白なので味つけによっていろいろな料理に活躍します。

【 この料理のPoint 】

- 余りがちなジャムを使いきり
- 鶏肉の代わりに豚バラ肉を使っても◎
- サンドイッチの具材にもなる

鶏肉ときのこのトマトみそ煮

肉と野菜がひと皿でバランスよくとれるメニュー。
好みで仕上げに粉チーズをふっても◎

【 材料 】(2人分)

鶏もも肉…1枚
しめじ…1パック
トマト缶(カットタイプ)
…1缶(400g)
みそ…大さじ2
にんにく(すりおろし)…小さじ2
顆粒コンソメ…小さじ1
塩、こしょう…各少々

【 作り方 】

1 鶏肉はひと口大に切る。しめじは石づきを除いて小房に分ける。

2 冷凍用保存袋にすべての材料を入れ、袋の上からよくもみ込む。空気を抜いて袋の口を閉じ、冷凍する。

▶食べるとき

3 冷凍した2は冷蔵庫で自然解凍する。鍋に2、水200mℓ(分量外)を入れ、中火でときどき混ぜながら火が通るまで煮る。器に盛り、好みでドライパセリ少々(分量外)をふる。

節約memo

きのこは好みのものでOK。スーパーでその日安売りしているものを選んで作っています。

【 この料理のPoint 】

- みそを入れることで奥深い味わいに
- ごはんにもパンにも合う
- 冷凍することで味がしみて煮込み時間が短縮できる

スペアリブの甘辛煮

はちみつを入れると、やさしい甘さとコクが加わります。

【 材料 】(2～3人分)

豚スペアリブ…500g
しょうゆ、酒、
　はちみつ…各大さじ3
みりん…大さじ2
にんにく(すりおろし)…小さじ2
しょうが(すりおろし)…小さじ1

【 作り方 】

1 冷凍用保存袋にすべての材料を入れ、袋の上からよくもみ込む。空気を抜いて袋の口を閉じ、冷凍する。

▶食べるとき

2 冷凍した1は冷蔵庫で自然解凍する。鍋に1、水100mℓ(分量外)を入れ、中火でときどき混ぜながら火が通るまで煮る。

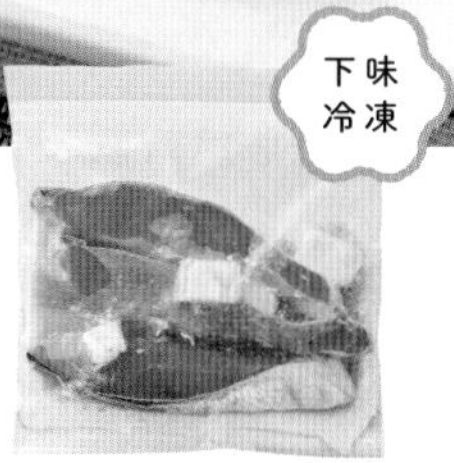

鮭のガーリックバター焼き

にんにくとバターの香りが食欲を刺激します！

【 材料 】（2～3人分）

生鮭 … 2～3切れ
バター… 15g

A
しょうゆ、酒、みりん
　… 各大さじ1
にんにく（すりおろし）… 小さじ1
こしょう … 少々

【 作り方 】

1 冷凍用保存袋にAを入れ、袋の上からよく混ぜる。鮭、バターを加えてなじませ、空気を抜いて袋の口を閉じ、冷凍する。

▶食べるとき

2 冷凍した1は冷蔵庫で自然解凍する。フライパンに1を入れ、中火で両面火が通るまで焼く。

下味
冷凍

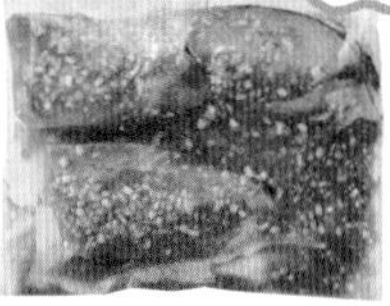

ぶりのねぎポンしょうが焼き

さっぱりとした味つけでごはんにもよく合う！

【 材料 】（2～3人分）

ぶり…2～3切れ

長ねぎ…½本

A ポン酢しょうゆ…大さじ3
　しょうが（すりおろし）…小さじ2

【 作り方 】

1 ぶりは塩少々（分量外）をふって10分ほどおき、ペーパータオルで水気を拭き取る。長ねぎはみじん切りにする。

2 冷凍用保存袋に長ねぎ、Aを入れ、袋の上からよく混ぜる。ぶりを加えてなじませ、空気を抜いて袋の口を閉じ、冷凍する。

▶食べるとき

3 冷凍した2は冷蔵庫で自然解凍する。フライパンに2を入れ、中火で両面火が通るまで焼く。

切り干し大根のナポリタン風

余りがちな乾物を洋風の味つけでボリューミーに！

【 材料 】（作りやすい分量）

切り干し大根…30g
ウィンナソーセージ…5本
ピーマン…2個
にんにく（すりおろし）…小さじ1
A
水…100mℓ
トマトケチャップ…大さじ2
ウスターソース…小さじ2
砂糖、しょうゆ…各小さじ1
塩、こしょう…各少々

【 作り方 】

1 切り干し大根はさっと洗って、たっぷりの水に10分ほどつけて戻し、軽く水気を絞ってざく切りにする。ソーセージは1cm幅の斜め切りにする。ピーマンはヘタと種を除いて小さめの乱切りにする。

2 フライパンにオリーブオイル適量（分量外）を入れて中火で熱し、ソーセージ、にんにくを炒める。全体に油が回ったら切り干し大根、ピーマンを加える。

3 さっと全体を混ぜたらAを加え、汁気がなくなるまで炒め煮にする。塩、こしょうで味をととのえる。

ほうれん草とちくわのナムル

さっぱりとした味つけで食べやすい！

【 材料 】（作りやすい分量）

ほうれん草…1束
ちくわ…5～6本
白炒りごま、ごま油…各大さじ1
顆粒鶏がらスープ
　…小さじ1½
塩…少々

【 作り方 】

1 鍋にたっぷりの湯を沸かし、塩少々（分量外）を加えてほうれん草をさっとゆでる。すぐに冷水にとり、水気を絞って、3～4cm長さに切る。ちくわは1cm幅の斜め切りにする。

2 保存容器にすべての材料を入れ、よく混ぜる。

なんちゃって大学いも

揚げずに手軽に作れます！

【 材料 】（作りやすい分量）

さつまいも … 1本（約240g）
バター … 大さじ2
はちみつ … 大さじ1
塩 … 少々
黒炒りごま … 適量

【 作り方 】

1 さつまいもはところどころ皮をむき、適当な大きさに切る。水に5分ほどさらして水気をきり、鍋に入れる。かぶるくらいの水、塩を加えて強火にかけ、沸騰したら弱火にし、火が通るまでゆでる。

2 1に竹串を刺してみてすーっと通ったら、ザルにあげる。ボウルに炒りごま以外のすべての材料を入れ、軽くつぶしながらよく混ぜる。保存容器に入れ、炒りごまをふる。

チキンロール

冷蔵保存

てりてりの見た目が食欲そそるメインおかず。
ロール状のまま保存し、食べる直前にカットを。

【 材料 】(2～3人分)

鶏もも肉…2枚
塩、こしょう…各少々
A しょうゆ…大さじ4
A 酒、みりん…各大さじ3
A 砂糖…大さじ1

【 作り方 】

1 鶏肉は皮目にフォークで穴を開け、両面に塩、こしょうをふる。皮目を外側にし、くるくると丸めてたこ糸を巻きつける。

2 フライパンにサラダ油適量(分量外)を入れて中火で熱し、1を巻き終わりを下にして焼く。ときどき転がして全体に焼き色がつくまで焼いたら、ふたをし、弱火で15分ほど蒸し焼きにする。

3 ふたを取り、Aを加えて全体にからめる。アルミホイルをかぶせてさらに10分ほど蒸し焼きにする。仕上げに強火にし、軽く汁気を飛ばす。

【 この料理のPoint 】

- たこ糸がない場合は、アルミホイルで包んで両端をギュッとねじってとめてもOK
- 鶏肉の中心に好みの野菜を入れて巻いても

節約memo

鶏肉はもも肉の代わりに、よりリーズナブルなむね肉を使っても作れます。

きのことねぎの甘辛炒め

好みのきのこで試してみて！

【 材料 】(作りやすい分量)

舞茸 … 1パック
しめじ … 1パック
長ねぎ … ½本
A｜焼き肉のたれ(市販) … 大さじ2
　｜砂糖 … 小さじ1

【 作り方 】

1 舞茸は食べやすい大きさに手で裂く。しめじは石づきを除いて小房に分ける。長ねぎは1cm幅の斜め切りにする。

2 フライパンにサラダ油適量（分量外）を入れて中火で熱し、舞茸、しめじを炒める。しんなりしたら長ねぎ、Aを加え、汁気がなくなるまで炒める。

おつまみきゅうり

皮をむくと味がしみ込みやすい！

【 材料 】（作りやすい分量）

きゅうり … 2本

A
- 水 … 200mℓ
- 顆粒和風だし … 大さじ1
- 塩、砂糖 … 各小さじ1

【 作り方 】

1 きゅうりはピーラーで皮をしま目にむき、3～4cm長さに切る。塩少々（分量外）をふって5分ほどおき、水気をペーパータオルで拭き取る。

2 保存容器に Aを入れ、よく混ぜる。1を加え、冷蔵庫でひと晩漬ける。

トマトのはちみつレモン

酸味と甘みのバランスがgood!

【 材料 】（作りやすい分量）

トマト … 2個

はちみつ、レモン汁 … 各大さじ2

オリーブオイル … 大さじ1

【 作り方 】

1 トマトはヘタを除いて小さめの乱切りにする。

2 保存容器にすべての材料を入れ、やさしく全体を混ぜる。

れんこんのオイスター炒め

片栗粉効果で味がよくからみます!

【 材料 】(作りやすい分量)

れんこん…150g
片栗粉…適量

A
- オイスターソース…大さじ2
- 砂糖、みりん…各小さじ2
- しょうゆ…小さじ1

【 作り方 】

1 れんこんは皮をむいて5～6㎜厚さの半月切りにし、酢水にさらす。5分ほどたったら水気をきり、片栗粉をまぶす。

2 フライパンにごま油適量(分量外)を中火で熱し、1を焼く。両面焼き色がついたらAを加え、汁気がなくなるまで炒める。

パプリカの塩麹和え

発酵食品のまろやかな塩味で食べやすさ◎

【 材料 】（作りやすい分量）

パプリカ…2個

A
- 塩麹…大さじ1
- にんにく（すりおろし）…小さじ1
- 顆粒鶏がらスープ…少々

【 作り方 】

1 パプリカはヘタと種を除いて縦に1cm幅に切る。耐熱容器に入れ、ふんわりとラップをして電子レンジ（600W）で1分加熱する。

2 1にAを加え、和える。

朝ごはんに大活躍！

トーストとおにぎりの冷凍ストックレシピ

みんな大好きな味が手軽に再現できます！

お好み焼きトースト

【 材料 】（3枚分）

食パン … 3枚
天かす、ピザ用チーズ、青のり
　… 各適量

A｜お好み焼きソース … 大さじ3
　｜マヨネーズ … 大さじ2

【 作り方 】

1 食パンに混ぜ合わせたAを塗り、天かす、チーズ、青のりの順にのせる。1枚ずつラップで包み、冷凍用保存袋に入れ、空気を抜いて袋の口を閉じ、冷凍する。

▶ 食べるとき

2 凍ったままオーブントースターで5〜7分焼く。

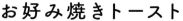

慌ただしい朝に重宝する
トーストとおにぎりのレシピをピックアップ！
冷凍しておけば、トースターで焼くだけ、
レンチンするだけでボリュームのある主食が完成します。
冷凍方法は →P14 をチェック！

隠し味のしょうゆがアクセント！

ツナマヨコーントースト

【 材料 】（3枚分）

食パン…3枚
ツナ缶（油漬け）…1缶（70g）
コーン缶（ホール）…1缶（50g）
ピザ用チーズ…適量
A マヨネーズ…大さじ4
　しょうゆ…小さじ1

【 作り方 】

1 ボウルに缶汁をきったツナとコーンを入れ、Aを加えて混ぜる。

2 食パンに1を広げ、チーズをのせる。1枚ずつラップで包み、冷凍用保存袋に入れ、空気を抜いて袋の口を閉じ、冷凍する。

▶ 食べるとき

3 凍ったままオーブントースターで5〜7分焼く。

さばのみそマヨトースト

みそとマヨネーズの
組み合わせがコクうま!

【 材料 】(3枚分)

食パン…3枚
さば缶(みそ煮)…1缶(150g)
玉ねぎ…¼個
ピザ用チーズ…適量
A マヨネーズ…大さじ2
A 塩、にんにく(すりおろし)…各少々

【 作り方 】

1 玉ねぎは薄切りにする。

2 ボウルに1、さばを缶汁ごと、Aを入れ、ほぐすように混ぜる。

3 食パンに2を広げ、チーズをのせる。1枚ずつラップで包み、冷凍用保存袋に入れ、空気を抜いて袋の口を閉じ、冷凍する。

▶食べるとき

4 凍ったままオーブントースターで5～7分焼く。

バナナクリームチーズトースト

クリーミーでやさしい甘さがgood♪

【 材料 】(3枚分)

食パン…3枚
バナナ…2本
クリームチーズ…90g
はちみつ…大さじ1

【 作り方 】

1 バナナは斜め薄切りにする。
※あればバナナにレモン汁少々(分量外)をふっておくと、変色しにくい

2 耐熱容器にクリームチーズを入れ、ふんわりとラップをして電子レンジ(600W)で10秒加熱する。取り出してはちみつを加えて混ぜる。

3 食パンに2を塗り、1をのせる。1枚ずつラップで包み、冷凍用保存袋に入れ、空気を抜いて袋の口を閉じ、冷凍する。

▶食べるとき

4 凍ったままオーブントースターで4～6分焼く。

塩昆布とチーズの焼きおにぎり

シンプルに手が止まらない
おいしさ!

【 材料 】（5～6個分）

温かいごはん…500g
塩昆布…15g
ピザ用チーズ…50g

【 作り方 】

1 ボウルにすべての材料を入れ、よく混ぜる。5～6等分し、三角に握る。

2 フライパンにサラダ油適量（分量外）を入れて中火で熱し、1を両面焼き色がつくまで焼く。粗熱が取れたらひとつずつラップで包み、冷凍用保存袋に入れ、空気を抜いて袋の口を閉じ、冷凍する。

▶食べるとき

3 凍ったまま電子レンジ（600W）で1個につき3分加熱する。

鮭とバジルのチーズ焼きおにぎり

洋風の具とおにぎりのコラボが
絶妙にマッチ!

【 材料 】（5～6個分）

温かいごはん…500g
鮭フレーク…40g
ドライバジル…適量
粉チーズ…大さじ3
しょうゆ…大さじ1
オリーブオイル…小さじ2
塩…少々

【 作り方 】

1 ボウルにすべての材料を入れ、よく混ぜる。5～6等分し、三角に握る。

2 フライパンに1を並べて中火にかけ、両面焼き色がつくまで焼く。粗熱が取れたらひとつずつラップで包み、冷凍用保存袋に入れ、空気を抜いて袋の口を閉じ、冷凍する。

▶食べるとき

3 凍ったまま電子レンジ（600W）で1個につき3分加熱する。

ぜ～んぶ
1週間程度
保存可能

長持ちする野菜の保存法

スーパーに行く回数が減ると、自然と食費も節約できます。
野菜はなるべく鮮度をキープしたまま長持ちするよう保存方法を工夫。
そのおかげで買い物は週1でものりきれるようになりました！

レタス

傷みやすいレタスは、芯にある成長点を適度に破壊すると長持ちするそう。芯に爪楊枝を3本ほど刺して丸ごとポリ袋に入れ、冷蔵庫の野菜室で保存します。

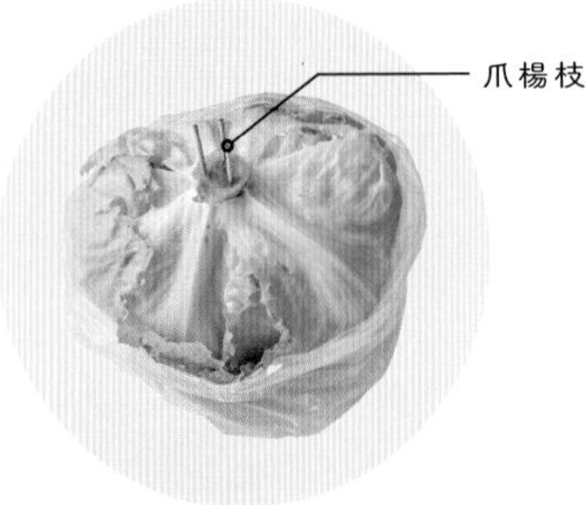

ミニトマト

ヘタに雑菌がつきやすいミニトマトは、ヘタを取り除いてから保存を。水で洗ってから水気を拭き取り、保存容器に入れてふたをして冷蔵庫へ。

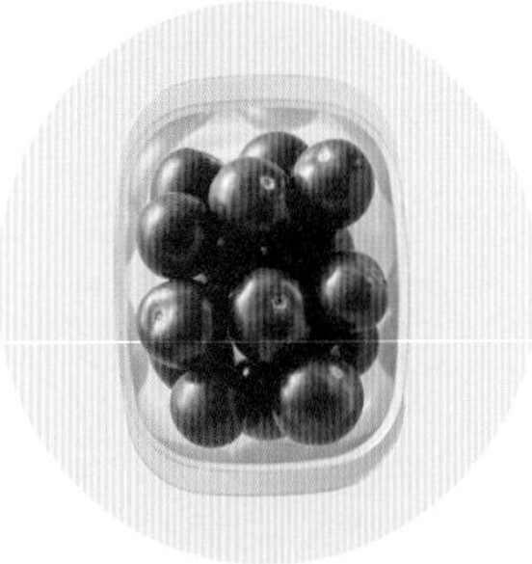

にんじん

水分に弱いにんじんは、袋から取り出して1本ずつペーパータオルで包みます。さらにその上からラップで包み、冷蔵庫の野菜室で立てて保存を。

きゅうり

しなしなになりやすいきゅうりは、水で洗ってから水気を拭き取り、1本ずつペーパータオルで包みます。さらにその上からラップで包み、冷蔵庫の野菜室で立てて保存。

PART 3

作りおきおかず＆下味冷凍

2週目

作りおきおかずの日持ち日数はだいたい3～4日間。
生ものを使っていない料理は冷凍保存し、週の後半に回します。
食べる直前にレンジで温めればOK！

2週目の

買い物リスト&献立表

2nd week

2週目の献立例を紹介。
鶏・豚・牛肉とバランスのとれたおかずをメインに、
魚介や野菜もたくさんとれるよう工夫しています。

※レシピは2～3人分を想定し、1週間をのりきるための分量になっています。

主要材料の買い物リスト

- 牛こま切れ肉 …… 450g
- 鶏手羽先 …… 10～15本
- 鶏もも肉 …… 1枚
- 豚肩ロース厚切り肉 …… 3～4枚
- 豚こま切れ肉 …… 300g
- ぶり …… 2～3切れ
- まぐろ（刺身用）…… 200g
- えび …… 200g
- かに風味かまぼこ …… 6本
- ウィンナソーセージ …… 5本
- しらたき …… 1袋（200g）
- 中華蒸し麺 …… 3玉
- 玉ねぎ …… 2個
- 長ねぎ …… $\frac{1}{2}$本
- グリーンアスパラガス …… 1束（約100g）
- にんじん …… 2本
- じゃがいも …… 小5個
- にら …… $\frac{1}{3}$束
- かぼちゃ …… $\frac{1}{4}$個
- ごぼう …… 1本
- トマト …… 2個
- きゅうり …… 2本
- 白菜 …… $\frac{1}{8}$個

2週目の献立表

【夕食】

1日目	2日目	3日目	4日目
●韓国風肉じゃが (→P66) ●まぐろのポキ風 (→P63) ●かにかまとにんじんのサラダ＊ (→P65)	●みそ麹チキン (→P61) ●きゅうりのオリーブマヨ和え (→P70) ●カレーきんぴら＊ (→P69)	●トンテキの玉ねぎソース (→P60) ●トマトのたれ和え (→P69) ●かにかまとにんじんのサラダ＊ (→P65)	●ぶりのはちみつバター焼き (→P62) ●白菜のコチュジャン漬け＊ (→P71) ●かぼちゃのチーズ焼き＊ (→P68)

5日目	6日目	7日目	
●手羽先の甘辛焼き (→P58) ●えびとアスパラのさっぱり炒め＊ (→P64) ●カレーきんぴら＊ (→P69)	●牛肉と玉ねぎのプルコギ (→P56) ●白菜のコチュジャン漬け＊ (→P71) ●かぼちゃのチーズ焼き＊ (→P68)	●チーズタッカルビ風焼きそば (→P101) ●えびとアスパラのさっぱり炒め＊ (→P64)	

多めに仕込んだ副菜は2回に分けていただきます。週の前半に食べるものは冷蔵保存、週の後半に食べるものは冷凍保存で

＊マークのものは2回に分けて食べます。

メモ

生の野菜と肉はひと手間かけて保存！

豚こま切れ肉は冷凍用保存袋に入れて冷凍保存。週の後半の「チーズタッカルビ風焼きそば」に使用します。半端に余った長ねぎは小口切りにしてねぎポット (→P31) に入れ、冷凍庫へ。みそ汁などの汁物やおかずのトッピングに使用します。同様に白菜はざく切り、にらは小口切りにして冷凍用保存袋に入れて冷凍保存。みそ汁やスープなど、汁物に凍ったまま加えて使います。

◀白菜は切ってから冷凍しておくと凍ったままみそ汁や鍋に入れることができるので便利です

▶にらは使いやすいようラップで小分けに包んでから袋に入れて。凍ったまま餃子や汁物に加えて調理可能

牛肉と玉ねぎのプルコギ

下味
冷凍

海外スーパーの人気商品の味を再現！
コチュジャンは少量なので、
子どもも食べられます。

【 材料 】（2人分）

牛こま切れ肉…300g
玉ねぎ…½個
酒、しょうゆ…各大さじ3
砂糖、白炒りごま
…各大さじ2
ごま油…大さじ1
コチュジャン、
しょうが（すりおろし）、
にんにく（すりおろし）
…各小さじ1
塩…少々

【 作り方 】

1 玉ねぎは薄切りにする。

2 冷凍用保存袋に1以外のすべての材料を入れ、袋の上からよくもみ込む。1を加えて全体を混ぜる。空気を抜いて袋の口を閉じ、冷凍する。

3 ▶食べるとき
冷凍した2は冷蔵庫で自然解凍する。フライパンにサラダ油適量（分量外）を入れて中火で熱し、2をときどき混ぜながら火が通るまで焼く。

【 この料理のPoint 】

- 牛肉の代わりに豚こま切れ肉を使っても
- レタスやサンチュで巻いて食べると◎
- ピーマンやキャベツと一緒に炒めれば、野菜炒めになる

節約memo

鶏や豚と比べてお値段の張る牛肉ですが、こま切れや切り落とし肉を選べば比較的リーズナブル。

下味
冷凍

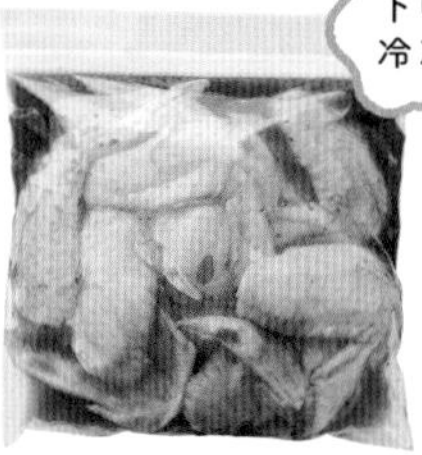

手羽先の甘辛焼き

食欲そそるてりてりの見た目！
オイスターソースのコクが味のアクセント。

【 材料 】（2～3人分）

鶏手羽先…10～15本
水…100mℓ
酒、砂糖、しょうゆ
…各大さじ2
オイスターソース…大さじ1
コチュジャン、
顆粒鶏がらスープ
…各小さじ1

【 作り方 】

1 冷凍用保存袋に手羽先以外のすべての材料を入れ、袋の上からよく混ぜる。手羽先を加えてなじませ、空気を抜いて袋の口を閉じ、冷凍する。

2 ▶食べるとき
冷凍した1は冷蔵庫で自然解凍する。フライパンにサラダ油適量（分量外）を入れて中火で熱し、1をたれごと加え、両面火が通るまで焼く。

節約memo

手羽先や手羽元はリーズナブルな食材。多めに買って下味冷凍でストックしておくと重宝します。

【 この料理のPoint 】

- 手羽中や手羽元を使っても◎
- 冷凍することで肉に味がよくしみ込む
- 皮目は好みでパリパリに焼いても

トンテキの玉ねぎソース

すりおろした玉ねぎのソースが肉によくからむ！

【 材料 】(2～3人分)

豚肩ロース厚切り肉
　… 3～4枚
玉ねぎ … ½個
しょうゆ、白炒りごま
　… 各大さじ2
ごま油、酒、砂糖、みりん
　… 各大さじ1
塩、こしょう … 各少々

【 作り方 】

1 玉ねぎはすりおろす。

2 冷凍用保存袋にすべての材料を入れ、袋の上からよくもみ込む。空気を抜いて袋の口を閉じ、冷凍する。

▶食べるとき

3 冷凍した2は冷蔵庫で自然解凍する。フライパンにサラダ油適量（分量外）を入れて中火で熱し、2を両面火が通るまで焼く。食べやすい大きさに切って器に盛る。

みそ麹チキン

塩麹でお肉がやわらかく仕上がる！

【 材料 】（2人分）

鶏もも肉…1枚
塩麹、酒、白炒りごま、
　みそ、みりん
　…各大さじ1

【 作り方 】

1 鶏肉はひと口大に切る。

2 冷凍用保存袋にすべての材料を入れ、袋の上からよくもみ込む。空気を抜いて袋の口を閉じ、冷凍する。

▶食べるとき

3 冷凍した2は冷蔵庫で自然解凍する。フライパンにサラダ油適量（分量外）を入れて中火で熱し、2をときどき混ぜながら火が通るまで炒める。

下味
冷凍

ぶりのはちみつバター焼き

魚の臭みを取り除いてから冷凍するのがポイント。

【 材料 】（2～3人分）

ぶり …2～3切れ
バター…10g

A
しょうゆ … 大さじ2
はちみつ … 小さじ2
にんにく（すりおろし）
…小さじ1

【 作り方 】

1 ぶりは塩少々（分量外）をふって10分ほどおき、ペーパータオルで水気を拭き取る。

2 冷凍用保存袋にAを入れ、袋の上からよく混ぜる。ぶり、バターを加えてなじませ、空気を抜いて袋の口を閉じ、冷凍する。

▶食べるとき

3 冷凍した2は冷蔵庫で自然解凍する。フライパンに2を入れ、中火で両面火が通るまで焼く。

まぐろのポキ風

ハワイの魚介料理を刺身でお手軽に！

【 材料 】（作りやすい分量）

まぐろ（刺身用）…200g
長ねぎ…½本
ごま油…大さじ2
白炒りごま…大さじ1
にんにく（すりおろし）、
　ラー油（好みで）…各小さじ1
塩…小さじ½
こしょう…少々

【 作り方 】

1 まぐろは1.5cm角に切る。長ねぎはみじん切りにする。

2 保存容器にすべての材料を入れ、よく混ぜる。

えびとアスパラのさっぱり炒め

ピンク×グリーンの色みがきれいなおかず。

【 材料 】(作りやすい分量)

えび…200g
グリーンアスパラガス
…1束(約100g)
しょうが(すりおろし)、
にんにく(すりおろし)
…各小さじ1
塩、こしょう、レモン汁
…各少々

【 作り方 】

1 えびは殻をむいて背わたを除く。アスパラガスは根元を切り落とし、固い部分の皮をピーラーでむいて5cm長さに切る。

2 フライパンにごま油適量(分量外)を入れて中火で熱し、えび、しょうが、にんにくを炒める。えびの色が変わったらアスパラガスを加えて炒める。

3 具材に火が通ったら塩、こしょう、レモン汁で味をととのえる。

かにかまとにんじんのサラダ

生のにんじんをたっぷり食べられます！

【 材料 】（作りやすい分量）

かに風味かまぼこ…6本
にんじん…2本
マヨネーズ…大さじ4
しょうゆ…小さじ1
塩、こしょう…各少々

【 作り方 】

1 にんじんは5cm長さの細切りにし、塩少々（分量外）をふって10分ほどおき、手で絞って水気をきる。かに風味かまぼこは手でほぐす。

2 保存容器にすべての材料を入れ、よく混ぜる。

韓国風肉じゃが

冷蔵保存

定番の肉じゃがをピリッと辛い韓国風にアレンジ。
ごはんがすすむしっかりした味つけです。

【 材料 】（作りやすい分量）

牛こま切れ肉…150g
じゃがいも…小5個
しらたき…1袋（200g）
にら…⅓束

A
- 水…200mℓ
- 酒、砂糖、しょうゆ、…各大さじ2
- コチュジャン…小さじ2
- にんにく（すりおろし）…小さじ1

【 作り方 】

1 じゃがいもは4等分に切る。しらたきはさっとゆでて水気をきり、食べやすい長さに切る。にらは小口切りにする。

2 フライパンにごま油適量（分量外）を入れて中火で熱し、牛肉を炒める。肉の色が変わってきたらじゃがいもを加え、さらに炒める。

3 全体に油がまわったらAを加える。煮立ったらしらたきを加え、アルミホイルで落としぶたをして15分ほど煮る。汁気が少なくなってじゃがいもに火が通ったら、火を止めてそのまま10分ほど蒸らす。保存容器に入れ、にらを散らす。

節約memo

牛肉の代わりに、豚こま切れ肉を使ってもおいしく作れます。

【 この料理のPoint 】

- コチュジャンの量は好みで調整を
- じゃがいもは最後、火を止めて蒸らすことで、煮くずれずにやわらかく仕上がる

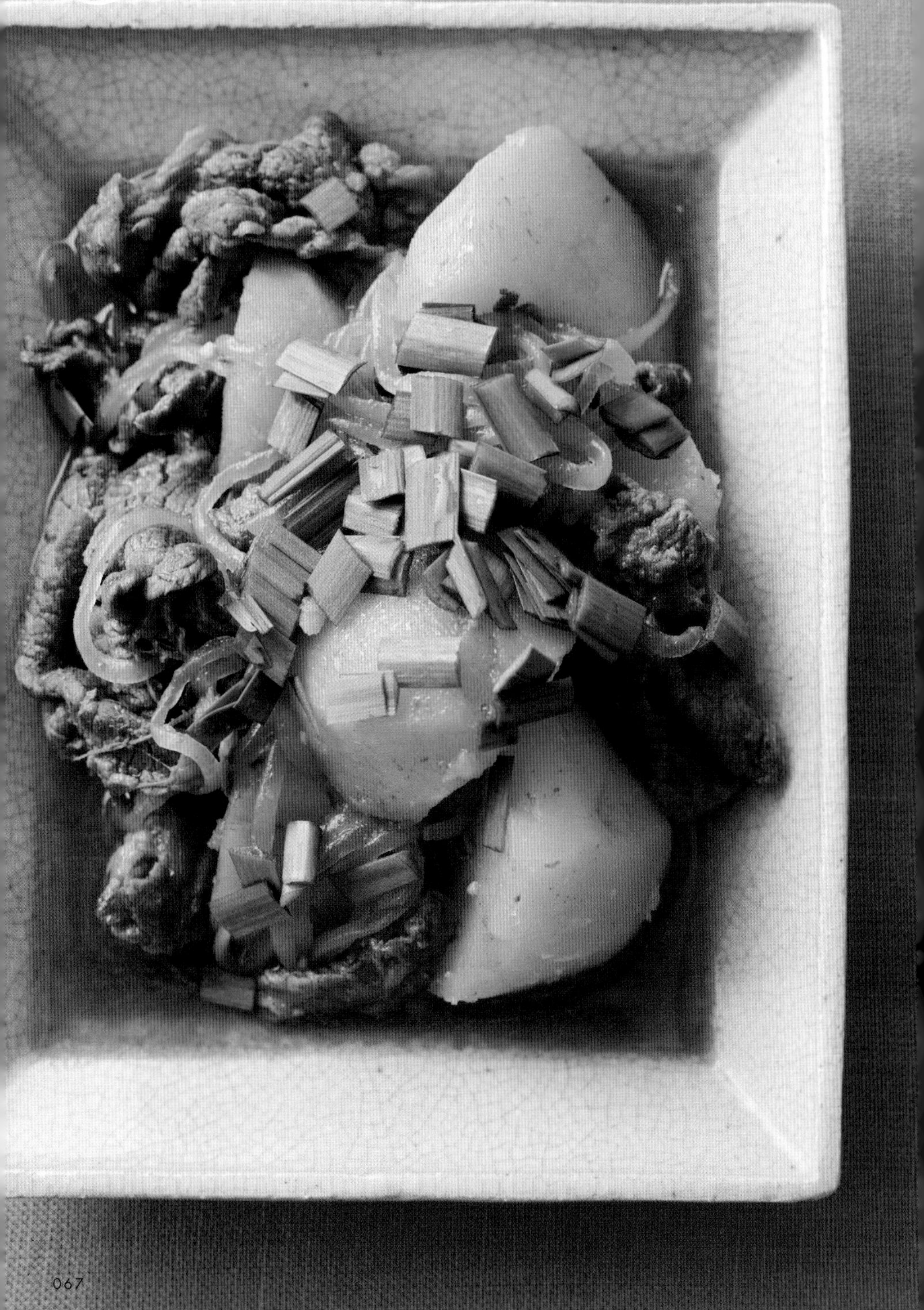

かぼちゃのチーズ焼き

食べる直前にレンジで温め直すとおいしい!

【 材料 】(作りやすい分量)

かぼちゃ…¼個
ピザ用チーズ…50g
粉チーズ…大さじ3

【 作り方 】

1 かぼちゃはわたと種を除き、2～3等分に切って耐熱容器に入れ、ふんわりとラップをして電子レンジ(600W)で2分加熱する。取り出して7～8㎜幅の薄切りにする。

2 フライパンにサラダ油適量(分量外)を入れて中火で熱し、1を両面焼く。焼き色がついたらピザ用チーズ、粉チーズを加え、チーズが溶けるまで焼く。

カレーきんぴら

スパイシーな香りが食欲そそる！

【 材料 】（作りやすい分量）

ごぼう …1本
ウィンナソーセージ …5本
バター…15g

A
砂糖、しょうゆ、みりん …各小さじ2
カレー粉 …小さじ1

【 作り方 】

1 ごぼうはささがきにして水にさらし、水気をよくきる。ソーセージは斜め3等分に切る。

2 フライパンにバターを入れて中火で溶かし、1を炒める。しんなりしたらAを加え、汁気がなくなるまで炒める。

トマトのたれ和え

市販の焼き肉のたれを使って、お手軽に！

【 材料 】（作りやすい分量）

トマト …2個
焼き肉のたれ（市販）… 大さじ2
砂糖、酢 … 各小さじ1

【 作り方 】

1 トマトはヘタを除いて小さめの乱切りにする。

2 保存容器にすべての材料を入れ、やさしく全体を混ぜる。

きゅうりのオリーブマヨ和え

ポリポリといくらでも食べられる！

【 材料 】（作りやすい分量）

きゅうり … 2本
オリーブオイル、酢 … 各大さじ1
マヨネーズ … 小さじ2
塩、こしょう … 各少々

【 作り方 】

1 きゅうりは乱切りにする。

2 保存容器にきゅうり以外のすべての材料を入れ、よく混ぜる。きゅうりを加え、和える。

白菜のコチュジャン漬け

漬け物にすればカサが減ってたっぷり食べられる！

【 材料 】（作りやすい分量）

白菜…1/8個
コチュジャン、白炒りごま
…各大さじ1
ごま油、しょうゆ、
しょうが（すりおろし）、
にんにく（すりおろし）…各小さじ1

【 作り方 】

1 白菜はざく切りにし、塩少々（分量外）をふって10分ほどおき、手で絞って水気をきる。

2 ポリ袋にすべての材料を入れ、袋の上からよくもみ込む。保存容器に入れる。
※冷凍保存する場合は、食べるとき自然解凍する。

✔ column 02

ひとりごはんにおすすめ！

5分でできる簡単丼レシピ

ツナと卵の中華丼

しめじの代わりにエリンギや舞茸など好みのきのこで作っても。オイスターソースのコクが味の決め手。

ツナのやさしい味わいが全体をまとめます！

【 材料 】（1人分）

温かいごはん … 丼1杯分
ツナ缶（油漬け）… 1缶（70g）
しめじ … ½パック
卵 … 1個
レタス … 1枚
A｜オイスターソース、酒、みりん … 各大さじ1
塩、こしょう … 各少々

【 作り方 】

1 しめじは石づきを除いて小房に分ける。ツナは缶汁をきる。

2 耐熱ボウルに1、卵、Aを入れ、よく混ぜる。ふんわりとラップをして電子レンジ（600W）で2分加熱する。取り出して軽く全体を混ぜたらふんわりとラップをして電子レンジでさらに1分加熱する。塩、こしょうで味をととのえる。

3 器にごはんを盛り、食べやすい大きさにちぎったレタス、2を順にのせる。

お昼ごはんなど、ひとりでささっと食べたいときに
おすすめの丼ものレシピを紹介します。
缶詰を使ったり、レンチンで作れたりと、
どれも簡単なものばかり!

節約中ですが、ちょっと贅《ぜい》沢《たく》をしたいときにおすすめ。余った卵白はスープなどに入れて使いきります。

コンビーフのバターじょうゆ丼

温めたコンビーフの旨みがとろけて、止まらないおいしさ!

【 材料 】(1人分)

温かいごはん … 丼1杯分
コンビーフ缶 … ½缶(50g)
レタス … 1枚
卵黄 … 1個分
バター…15g
白炒りごま … 大さじ1
しょうゆ … 小さじ1

【 作り方 】

1 耐熱ボウルにコンビーフ、バターを入れ、ふんわりとラップをして電子レンジ(600W)で30秒加熱する。

2 1にごま、しょうゆを加えてよく混ぜる。

3 器にごはんを盛り、食べやすい大きさにちぎったレタス、2を順にのせ、中央に卵黄を落とす。

器に盛ったあと、好みで追いチーズ（ピザ用チーズでOK）をしても。軽く温めると、とろ～りとろけます。

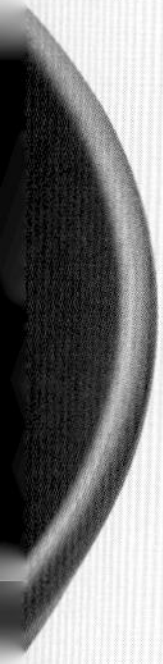

カルボ丼

カルボナーラの味を丼で再現！

【 材 料 】（1人分）

温かいごはん…丼1杯分
卵…1個
厚切りベーコン…30g
ピザ用チーズ…20g
牛乳…大さじ2
顆粒コンソメ…小さじ½
にんにく（すりおろし）…小さじ1
こしょう…少々

【 作り方 】

1 ベーコンは1㎝幅に切る。

2 耐熱ボウルにごはん以外のすべての材料を入れ、よく混ぜる。ふんわりとラップをして電子レンジ（600W）で1分30秒加熱する。一度取り出して軽く混ぜる。ふんわりとラップをして電子レンジでさらに30秒加熱する。

3 器にごはんを盛り、2をのせる。好みで粗挽き黒こしょう適量（分量外）をふる。

スタミナ焼き鳥丼

ごま油と韓国のりが
食欲をそそります！

【 材 料 】（1人分）

温かいごはん…丼1杯分
焼き鳥缶（たれ）…1缶（65g）
韓国のり（8つ切り）…3～4枚
万能ねぎ…1本分
卵黄…1個分
A 白炒りごま…大さじ1
　にんにく（すりおろし）…小さじ1
　ごま油…小さじ1
　ラー油…少々

【 作り方 】

1 耐熱ボウルに焼き鳥を缶汁ごと入れ、ふんわりとラップをして電子レンジ（600W）で30秒加熱する。

2 1にAを加えてよく混ぜる。

3 器にごはんを盛り、韓国のりをちぎって敷き詰める。2をのせ、万能ねぎをキッチンバサミで小口切りにしながら散らす。中央に卵黄を落とす。

味の決まっている焼き鳥缶は、使い勝手バツグン！スタミナ丼のほかに、卵でとじて親子丼にしても◎。

さばユッケ丼

きゅうりのシャキシャキした
食感がアクセント！

【 材料 】（1人分）

温かいごはん … 丼1杯分
さば缶（水煮）… ½缶（85g）
きゅうり … ½本
卵黄 … 1個分

A
白炒りごま … 大さじ1
しょうゆ、ごま油、
コチュジャン（あれば）
… 各小さじ2
にんにく（すりおろし）、
砂糖 … 各小さじ1
顆粒鶏がらスープ … 少々

【 作り方 】

1 さばは缶汁を切る。きゅうりは斜めに薄切りにしてから細切りにする。

2 ボウルにAを入れ、よく混ぜる。さばを加えてほぐすように混ぜたら、きゅうりを加えて軽く和える。

3 器にごはんを盛り、2をのせる。中央に卵黄を落とす。

さばの旨みとごま油の風味、コチュジャンのピリ辛な味わいが美味！ 白飯の代わりに冷や奴にのせても。

おすすめ保存容器

私が使用している、作りおきおかずを入れるための
保存容器を紹介します。メインで使っているのは2種類！
どちらも透明で中身がわかりやすく、
冷蔵庫の中で重ねやすいという特徴があります。

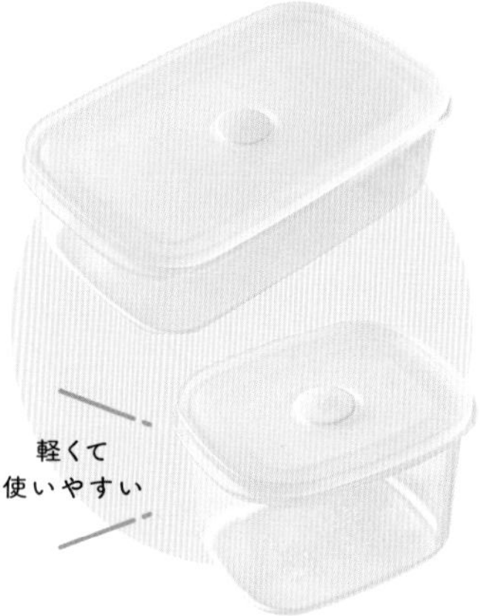

「無印良品」のプラスチック製の容器

プラスチック製の保存容器は軽くて割れにくい点が魅力。「無印良品」の容器は見た目もシンプルで冷蔵庫に入れたとき、見た目がスッキリするところもお気に入りポイントです。ふたをしたまま電子レンジ加熱できるので、おかずを温め直すときもラク。ただし、油汚れが落としにくかったり、色移りしやすかったりするので、野菜のおかずをメインに保存しています。

「iwaki」のガラス製の容器

ガラス製の保存容器は少し重いですが、色やニオイ移りがしにくく、油汚れもスッキリ落とすことができます。トマトケチャップやカレー粉を使った料理も安心して保存することが可能。こちらも電子レンジ加熱に対応しているので、おかずをレンチンしてそのまま食卓に並べてもOK。油脂分の多いお肉のおかずをメインに保存しています。

▶2シリーズともサイズ展開が豊富なのも嬉しいポイント。透明な容器は見た目もよく、中身がわかりやすいので、食べ忘れを防げます。

PART 4

作りおきおかず&下味冷凍

3週目

乾物や缶詰など、保存がきく食材もうまく活用を。
長持ちするので、腐らせてムダにすることがありません。
調理法次第では、子どもも喜ぶおかずに大変身!

3週目の

買い物リスト&献立表

3rd week

3週目の献立例です。
魚介や野菜はその時期に旬のものが比較的安いので、
その都度いろいろな食材で柔軟にアレンジしています。

※レシピは2～3人分を想定し、1週間をのりきるための分量になっています。

主要材料の買い物リスト

- 豚バラかたまり肉……300g
- 豚ロース厚切り肉……2枚
- 牛こま切れ肉……300g
- 鶏もも肉……1枚
- 生鮭……2～3切れ
- たら……2～3切れ
- ゆでだこ……200g
- 厚切りベーコン……80g
- ロースハム……1パック（3～4枚）
- ウィンナソーセージ……5本
- 卵……2個
- 玉ねぎ……$2\frac{1}{2}$個
- キャベツ……$\frac{1}{2}$個
- 長ねぎ……1本
- きゅうり……2本
- しめじ……1パック
- 舞茸……1パック
- ピーマン……3個
- ミニトマト……1パック（約200g）
- さつまいも……1本（約240g）
- 長芋……200g
- セロリ……2本
- じゃがいも……4個
- レタス……2枚
- 万能ねぎ……2本
  ※1週目（→P30）に購入し、冷凍保存しておいたものでもOK。
- コンビーフ缶……1缶（100g）
- 切り干し大根……30g
- 塩昆布（細切り）……5g

3週目の献立表

【夕食】

1日目	2日目	3日目	4日目
●煮豚（→P87） ●たことトマトのマリネ（→P88） ●きゅうりと長芋の塩昆布和え＊（→P93）	●サムギョプサル（→P80） ●切り干し大根のたれ和え＊（→P92） ●セロリのマリネ（→P93）	●鮭のねぎみそ焼き（→P85） ●きゅうりと長芋の塩昆布和え＊（→P93） ●切り干し大根のたれ和え＊（→P92）	●鶏ちゃん焼き（→P84） ●ベーコンとさつまいものきんぴら＊（→P90） ●きのことピーマンの甘辛炒め＊（→P89）

5日目	6日目	7日目	
●たらのバタポン焼き（→P86） ●じゃがチーズもち（→P95） ●ソーセージとキャベツのバター炒め＊（→P94）	●ハヤシライス（→P82） ●きのことピーマンの甘辛炒め＊（→P89） ●ソーセージとキャベツのバター炒め＊（→P94）	●コンビーフのバターじょうゆ丼（→P73） ●ベーコンとさつまいものきんぴら＊（→P90）	

生野菜を使った作りおきおかずは、冷凍保存には不向きなので、なるべく週の前半の献立に組み込みます

＊マークのものは2回に分けて食べます。

メモ

余り野菜の保存方法と使い方

玉ねぎは丸ごとの場合はそのまま常温保存でもいいですが、食べやすいように切ってから冷凍すると、調理時間が短縮できてとっても便利。スープやみそ汁などに使います。半端に余ったキャベツはざく切りにして冷凍用保存袋に入れて冷凍庫へ。汁物や炒め物などに使います。レタスは1個丸ごと購入し、爪楊枝を刺してから冷蔵庫の野菜室で保存（→P52）し、盛りつけやサラダ、週の後半の「コンビーフのバターじょうゆ丼」に使用。

◀玉ねぎは薄切りにしてから冷凍用保存袋に入れて冷凍庫へ。1か月程度保存可能です

▶冷凍したキャベツは、凍ったままみそ汁やスープ、焼きそばなどに加えて調理します

サムギョプサル

厚めの豚肉が食べ応え十分！
塩、こしょう、にんにくという
シンプルながら食欲そそる味つけ。

【 材料 】（2人分）

豚バラかたまり肉…300g
酒…大さじ2
にんにく（すりおろし）
…小さじ1
塩…小さじ½
こしょう…少々

【 作り方 】

1 豚肉は7〜8㎜厚さに切る。

2 冷凍用保存袋にすべての材料を入れ、袋の上からよくもみ込む。空気を抜いて袋の口を閉じ、冷凍する。

▶食べるとき

3 冷凍した2は冷蔵庫で自然解凍する。フライパンにごま油適量（分量外）を入れて中火で熱し、2を両面火が通るまで焼く。

節約memo

かたまり肉を切るのが面倒な場合は、焼き肉用を買うと下準備がラクです。

【 この料理のPoint 】

- レタスやサンチュに包んで食べるとおいしい
- 白菜キムチと一緒に食べても◎
- ホットプレートで焼いて、熱々を食べるのもおすすめ

ハヤシライス

冷凍効果で牛肉と玉ねぎに味が
よくしみ込んでおいしいです。
煮込み時間が短くて済むというメリットも！

【 材料 】（2～3人分）

牛こま切れ肉…300g
玉ねぎ…1個
バター…10g
トマトケチャップ
…大さじ6
ウスターソース、酒
…各大さじ3
薄力粉…大さじ2
しょうゆ…大さじ1
顆粒コンソメ…小さじ2
塩…少々

【 作り方 】

1 玉ねぎは薄切りにする。

2 冷凍用保存袋にすべての材料を入れ、袋の上からよくもみ込む。空気を抜いて袋の口を閉じ、冷凍する。

▶食べるとき

3 冷凍した2は冷蔵庫で自然解凍する。鍋に2、水400mℓ（分量外）を入れ、中火でときどき混ぜながら煮る。煮立って5分ほどたったら火を止める。器に温かいごはん適量（分量外）とともに盛り、好みでドライパセリ少々（分量外）をふる。

【 この料理のPoint 】

- 冷凍せずに、そのまま煮込んでもOK
- 薄力粉はダマにならないようよく混ぜて
- 多めにできあがるので、余ったら次の日の朝食に

節約memo

牛肉はリーズナブルな豚こま切れ肉に代えてもおいしく作れます。

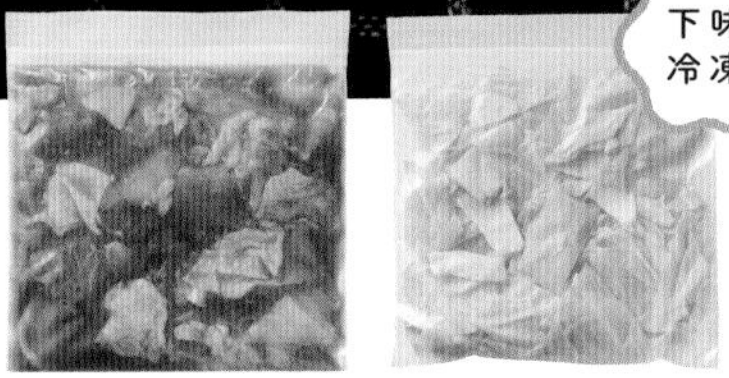

下味冷凍

鶏《けい》ちゃん焼き

キャベツは別冷凍&凍ったまま炒めることで、シャキシャキ食感に！

【 材料 】（2人分）

鶏もも肉…1枚
キャベツ…¼個
玉ねぎ…½個
酒、しょうゆ、みそ、みりん
　…各大さじ1
はちみつ…小さじ2
にんにく（すりおろし）、
　しょうが（すりおろし）
　…各小さじ1

【 作り方 】

1 鶏肉はひと口大に切る。キャベツはざく切りにする。玉ねぎはすりおろす。

2 冷凍用保存袋にキャベツ以外のすべての材料を入れ、袋の上からよくもみ込む。キャベツは別の冷凍用保存袋に入れる。それぞれ空気を抜いて袋の口を閉じ、冷凍する。

▶食べるとき

3 冷凍した2は鶏肉だけ冷蔵庫で自然解凍する。フライパンにサラダ油適量（分量外）を入れて中火で熱し、鶏肉を炒める。肉の色が変わったら凍ったままの2のキャベツを加え、2〜3分炒める。

下味冷凍

鮭のねぎみそ焼き

ほっとする定番の味わい。魚は好みのもので◎

【 材料 】（2～3人分）

生鮭…2～3切れ
長ねぎ…½本
みりん…大さじ2
みそ…大さじ1½

【 作り方 】

1 長ねぎはみじん切りにする。

2 冷凍用保存袋に鮭以外のすべての材料を入れ、袋の上からよく混ぜる。鮭を加えてなじませ、空気を抜いて袋の口を閉じ、冷凍する。

▶食べるとき

3 冷凍した2は冷蔵庫で自然解凍する。フライパンにサラダ油適量（分量外）を入れて中火で熱し、2を両面火が通るまで焼く。

下味
冷凍

たらのバタポン焼き

バター×ポン酢しょうゆの鉄板の組み合わせ！

【 材料 】（2～3人分）

たら…2～3切れ
玉ねぎ…1個
ポン酢しょうゆ…大さじ4
バター…20g
塩…少々

【 作り方 】

1 玉ねぎは薄切りにする。

2 冷凍用保存袋にたら以外のすべての材料を入れ、袋の上からよく混ぜる。たらを加えてなじませ、空気を抜いて袋の口を閉じ、冷凍する。

▶食べるとき

3 冷凍した2は冷蔵庫で自然解凍する。フライパンに2を入れ、中火で両面火が通るまで焼く。

冷蔵保存

煮豚

厚切り肉を使えば、煮豚も短時間で作れます！

【 材料 】（2人分）

豚ロース厚切り肉…2枚

A
- 水…大さじ3
- はちみつ…大さじ2
- しょうゆ…大さじ1
- にんにく（すりおろし）…小さじ1

【 作り方 】

1 フライパンにサラダ油適量（分量外）を入れて中火で熱し、豚肉を焼く。焼き色が両面つくまで焼いたらAを加え、ふたをして煮る。

2 5分ほどたったら豚肉を取り出し、煮汁を強火で煮詰める。最後に豚肉をフライパンに戻し入れ、さっと煮からめる。食べやすく切って器に盛る。

たことトマトのマリネ

彩りがきれいなさっぱりメニュー。

【 材料 】(作りやすい分量)

ゆでだこ…200g
ミニトマト…1パック(約200g)
万能ねぎ…2本
オリーブオイル…大さじ3
にんにく(すりおろし)…小さじ2
塩、こしょう…各少々

【 作り方 】

1 ミニトマトはヘタを除いて半分に切る。たこはひと口大に切って熱湯でさっとゆで、ザルにあげて水気をきり、ミニトマトと一緒にボウルに入れる。万能ねぎは小口切りにする。

2 フライパンにオリーブオイル、にんにく、塩を入れて中火にかける。にんにくにうっすら色がついたら1のボウルに加え、全体を混ぜる。塩、こしょうで味をととのえ、万能ねぎを散らす。

きのことピーマンの甘辛炒め

たっぷり野菜が一度にとれます！

【 材料 】（作りやすい分量）

しめじ、舞茸 … 各1パック
ピーマン … 3個
長ねぎ … ½本

A
- 酒、しょうゆ … 各大さじ3
- 砂糖、白炒りごま … 各大さじ2
- コチュジャン、しょうが（すりおろし）、にんにく（すりおろし） … 各小さじ1
- 塩 … 少々

【 作り方 】

1 しめじは石づきを除いて小房に分ける。舞茸は食べやすい大きさに裂く。ピーマンは縦半分に切って、ヘタと種を除き、横に細切りにする。長ねぎは7〜8㎜幅の斜め切りにする。

2 フライパンにごま油適量（分量外）を入れて中火で熱し、しめじ、舞茸を炒める。

3 しんなりしたらピーマン、長ねぎを加え、さっと炒める。Aを加えて混ぜ、ひと煮立ちさせる。

ベーコンとさつまいものきんぴら

さつまいもの自然な甘さを楽しめる副菜。
ベーコンの塩気と旨みが味のアクセント！

【材料】（作りやすい分量）

厚切りベーコン…80g
さつまいも…1本（約240g）
A 酒、はちみつ、みりん…各大さじ1
　しょうゆ…小さじ2

【作り方】

1 ベーコンは7〜8㎜幅に切る。さつまいもは皮つきのまま4〜5㎝長さに切り、7〜8㎜幅の棒状に切ってすぐに水にさらし、ザルにあげて水気をきる。

2 フライパンにサラダ油適量（分量外）を入れて中火で熱し、ベーコンを炒める。油がにじみ出てきたらさつまいもを加え、さらに炒める。

3 さつまいもに火が通ったらAを加えて全体をさっと炒める。

節約memo

洗ってから皮つきのまま調理すれば、さつまいもを余すことなく使いきれます。

【この料理のPoint】

- 甘じょっぱいおやつ感覚で食べられるおかず
- さつまいもの代わりにじゃがいもを使っても
- ベーコンは余ったら冷凍しておくと、便利

冷凍保存
冷蔵保存

切り干し大根のたれ和え

乾物をサラダ仕立てにして、子どもも食べやすい味に！

【 材料 】（作りやすい分量）

切り干し大根 … 30g
ロースハム … 1パック（3～4枚）
きゅうり … 1本
焼き肉のたれ（市販）… 大さじ3
酢 … 小さじ1

【 作り方 】

1 切り干し大根はさっと洗って、たっぷりの水に10分ほどつけて戻し、よく水気を絞って食べやすい長さに切る。ハム、きゅうりは細切りにする。

2 保存容器にすべての材料を入れ、よく和える。

きゅうりと長芋の塩昆布和え

塩昆布の旨みと塩気が味の決め手！

【 材料 】（作りやすい分量）

きゅうり…1本
長芋…200g
塩昆布（細切り）…5g
しょうゆ…少々

【 作り方 】

1 きゅうり、長芋は細切りにする。ボウルにきゅうりを入れ、塩少々（分量外）をふって10分ほどおき、手で絞って水気をきる。

2 保存容器にすべての材料を入れ、よく和える。

セロリのマリネ

生のセロリのシャキシャキとした食感がおいしい！

【 材料 】（作りやすい分量）

セロリ…2本
レモン汁、ごま油…各大さじ2
にんにく（すりおろし）、塩、こしょう…各少々

【 作り方 】

1 セロリは斜め薄切りにする。

2 保存容器にすべての材料を入れ、よく混ぜる。

ソーセージとキャベツのバター炒め

バターとにんにくの風味がたまりません!

【 材料 】(作りやすい分量)

ウィンナソーセージ…5本
キャベツ…¼個
バター…15g
にんにく(すりおろし)
…小さじ1
塩、こしょう…各少々

【 作り方 】

1 ソーセージは斜め3等分に切る。キャベツはざく切りにする。

2 フライパンにバターを入れて中火で溶かし、ソーセージ、にんにくを炒める。香りが立ったらキャベツを加え、さらに炒める。しんなりしたら塩、こしょうで味をととのえる。

じゃがチーズもち

子どもが大好きなお弁当にぴったりのおかず。

【 材料 】（10～12個分）

じゃがいも … 4個
ピザ用チーズ … 30g
片栗粉 … 大さじ2
しょうゆ、みりん
… 各大さじ1

【 作り方 】

1 じゃがいもは皮つきのまま鍋に入れ、たっぷりの水を注いで強火にかける。沸騰したら弱火にし、竹串がすーっと通るくらいのやわらかさになるまでゆでる。取り出して皮をむき、ボウルに入れて熱いうちにフォークの背などでつぶす。

2 1にチーズ、片栗粉を加えて混ぜる。10～12等分にし、1個ずつ平たい円形にまとめる。

3 フライパンにサラダ油適量（分量外）を中火で熱し、2を焼く。両面焼き色がついたらしょうゆ、みりんを加えて煮からめる。

家族でワイワイ♪
ホットプレート活用レシピ

家族で食べる休日のごはんにぴったりな、
ホットプレートで作れる料理を紹介します。
一度にたくさん作れて、見た目も華やかなので、
子どもも喜ぶこと間違いなし!

たこ焼き器の穴に詰めればいいだけなので、ひとつずつシューマイを包む必要がありません。とっても簡単!

たこ焼き器de簡単シューマイ

パリパリに焼けたシューマイの皮がおいしい！

【 材料 】（3〜4人分）

シューマイの皮…24枚
豚ひき肉…200g
玉ねぎ（みじん切り）…½個分
片栗粉、砂糖、しょうゆ…
　各大さじ1
ごま油…小さじ1

【 作り方 】

1 ボウルにシューマイの皮以外のすべての材料を入れ、粘りが出るまでよく混ぜる。

2 ホットプレートに付属のたこ焼き器をセットし、サラダ油適量（分量外）をひく。シューマイの皮を1枚ずつ敷き込む。1をスプーンですくって入れる。

3 ホットプレートを中温にし、水50〜100㎖（分量外）を回しかけ、ふたをして10分ほど蒸し焼きにする。

チーズにつけながら食べるととっても楽しい！ これなら子どもも喜んで、野菜をパクパク食べてくれます。

とろ〜りチーズフォンデュ

フォンデュ鍋不要で、手軽にパーティー気分が味わえます！

【 材料 】（3〜4人分）

じゃがいも … 2個
にんじん … ½本
ブロッコリー … ½株
パプリカ … 1個
ウィンナソーセージ … 5〜6本
食パン … 1枚
A
ピザ用チーズ … 200g
牛乳 … 100mℓ
片栗粉 … 大さじ1

【 作り方 】

1 じゃがいもはひと口大に切る。にんじんは小さめの乱切りにする。ブロッコリーは小房に分ける。鍋にたっぷりの湯を沸かし、じゃがいも、にんじん、ブロッコリーの順にそれぞれ火が通るまでゆでる。

2 パプリカはヘタと種を除いて1cm幅に切る。ソーセージは斜めに切り込みを入れる。食パンはひと口大に切る。

3 耐熱容器にAを入れ、軽く全体を混ぜる。ふんわりとラップをして電子レンジ（600W）で2分加熱する。 取り出して再度、全体をよく混ぜる。

4 ホットプレートを中温にし、3の耐熱容器を真ん中に置く。耐熱容器の周りに1と2の具材を並べ、好みの焼き加減まで加熱したら、チーズにつけながらいただく。

牛肉とコーンのペッパーライス

人気店のあの味をホットプレートで再現！

【 材料 】(3～4人分)

温かいごはん…300g
牛こま切れ肉…300g
コーン缶(ホール)…1缶(50g)
バター…10g
万能ねぎ(小口切り)…適量
A
- 焼き肉のたれ(市販)…大さじ4
- にんにく(すりおろし)…小さじ2
- 顆粒鶏がらスープ…少々

粗挽き黒こしょう…少々

【 作り方 】

1 ホットプレートの真ん中にごはんを盛り、缶汁をきったコーン、万能ねぎ、バターの順にのせる。周りに牛肉を並べたら中温にし、5分ほど加熱する。

2 肉の色が変わり始めたら混ぜ合わせたAをかけ、全体を混ぜながら肉に火が通るまで炒める。仕上げに黒こしょうをふる。

こしょうはたっぷりかけるのがおすすめ！ 火が通ったら全体をよく混ぜてから食べてください。

餃子の皮で簡単！ ミニピザ

ミニサイズだからパクパク食べられちゃう！

【 材料 】（4人分）

餃子の皮 …20枚
ウィンナソーセージ … 5～6本
ピーマン … 2個
ピザ用チーズ … 適量
A
トマトケチャップ … 大さじ3
マヨネーズ … 大さじ1
オリーブオイル、砂糖、しょうゆ … 各小さじ1
にんにく（すりおろし）、塩、こしょう … 各少々

【 作り方 】

1 ソーセージは薄い輪切りにする。ピーマンは縦半分に切って、ヘタと種を除き、横に細切りにする。

2 ホットプレートに餃子の皮を並べ、混ぜ合わせたAを塗る。1をのせ、チーズを散らして中温にする。餃子の皮に焼き色がつき、チーズが溶けるまで焼く。

餃子の皮のふちが反り返ってきたら、焼けてきた証拠。トッピングは好きなもので作ってみてください。

焼きそばを韓国のチーズタッカルビ風の味つけにアレンジ。ボリューム満点のガッツリメニューです！

チーズタッカルビ風焼きそば

焼きそばをとろ〜りチーズにからませて召し上がれ！

【材料】(3〜4人分)

中華蒸し麺…3玉
ピザ用チーズ…100g
豚こま切れ肉…300g
玉ねぎ…1個

A
- 酒、しょうゆ…各大さじ2
- コチュジャン、砂糖…各大さじ1
- にんにく(すりおろし)…小さじ2
- しょうが(すりおろし)…小さじ1

【作り方】

1 玉ねぎは薄切りにする。

2 ホットプレートを高温にし、ごま油適量(分量外)を入れ、豚肉を炒める。肉の色が変わったら、1を加え、しんなりするまで炒める。

3 2に中華麺、水50mℓ(分量外)を加え、ほぐしながら炒める。麺がほぐれたら、混ぜ合わせたAを加え、よく混ぜる。

4 全体が均一に混ざったら、真ん中のスペースを空けてチーズを加える。ふたをして中温にし、チーズが溶けるまで加熱する。

たまのご褒美《ほうび》も
大事です！

贅沢メニューは ふるさと納税で！

少し贅沢をしたいときのごはんは、
ふるさと納税を利用して手に入れた食材を使っています。
わが家は量の多い肉のセットや米を選ぶことが多いですが、
各自治体によって食材から生活雑貨までいろいろな
返礼品があるので、ぜひ、チェックしてみてください。

【ふるさと納税とは？】

好きな地方自治体に寄附をすることで、地域の特産品などお礼の品をもらえると同時に、寄附をした金額のうち、2千円を超える分だけ所得税や住民税から控除されるという制度です。

今までこんな 返礼品もらいました！

うなぎ蒲焼きセット

【鹿児島県指宿《いぶすき》市】

肉厚でふっくらしたうなぎで、リッチな気分に。うな丼にして、おいしくいただきました。

ハム・焼き豚・ソーセージセット

【鹿児島県いちき串木野《くしきの》市】

いろいろな種類の加工肉が入っている点にひかれてチョイス。日持ちもするので、日々のおかず作りに大活躍！

牛・豚焼き肉セット

【宮崎県都農《つの》町】

牛肉と豚肉を食べ比べできるのが楽しい！
お肉はやわらかくて厚みがあり、子どもたちも大喜びでした。

PART 5

作りおきおかず＆下味冷凍

4週目

節約料理といえども、家族の健康が一番大事。
1週間の中で、牛・豚・鶏肉や魚介、さまざまな種類の野菜を
バランスよくとれるよう工夫しています。

4週目の

買い物リスト&献立表

4th week

4週目は節約食材の代表格である鶏肉と豚肉が大活躍。
キャベツや大根などカサが多くて安価な野菜も活用します。

※レシピは2〜3人分を想定し、1週間をのりきるための分量になっています。

主要材料の買い物リスト

- 鶏もも肉……1枚
- 豚こま切れ肉……600g
- 手羽中……10〜15本
- 鶏ひき肉……100g
- 牛こま切れ肉……300g
- めかじき……2〜3切れ
- えび……300g
- はんぺん……2枚
- スライスベーコン……8枚
- 卵……2個
- 長ねぎ……½本
  ※2週目(→P54)に購入し、冷凍保存しておいたものでもOK。
- キャベツ……⅓個
- ピーマン……7個
- 玉ねぎ……1個
- 万能ねぎ……3〜4本
- 里芋……5〜6個(約500g)
- トマト……1個
- にんじん……1本
- ブロッコリー……1株
- 大根……⅓本
- じゃがいも……中4個
- たけのこ(水煮)……100g
- にんにく……1かけ
- さば缶(水煮)……1缶(190g)
- ツナ缶(油漬け)……2缶(140g)
- コーン缶(ホール)……1缶(50g)

4週目の献立表

【 夕食 】

1日目	2日目	3日目	4日目
●はんぺんバーグ →P113 ●ツナとにんじんのサラダ＊ →P116 ●カルボナーラ風ポテサラ＊ →P120	●鶏肉のねぎみそ焼き →P106 ●たけのことピーマンのオイスター炒め＊ →P121 ●ブロッコリーとベーコンのガーリック炒め＊ →P118	●回鍋肉 →P108 ●ツナとにんじんのサラダ＊ →P116 ●大根のにんにくしょうゆ煮＊ →P119	●豚肉のスタミナ焼き →P110 ●たけのことピーマンのオイスター炒め＊ →P121 ●ツナキャベ →P119

5日目	6日目	7日目	
●手羽中のはちみつオイスター焼き →P111 ●カルボナーラ風ポテサラ＊ →P120 ●さばと里芋の煮物＊ →P115	●めかじきのカレーソテー →P112 ●さばと里芋の煮物＊ →P115 ●大根のにんにくしょうゆ煮＊ →P119	●牛肉とコーンのペッパーライス →P99 ●ブロッコリーとベーコンのガーリック炒め＊ →P118 ●えびのハーブ焼き →P114	冷凍した作りおきおかずは、食べる直前に電子レンジの温め機能で温め直してからいただきます

＊マークのものは2回に分けて食べます。

メモ

余った食材の便利な活用法

牛こま切れ肉は冷凍用保存袋に入れて冷凍保存。週の後半の「牛肉とコーンのペッパーライス」に使用します。万能ねぎも小口切りにして冷凍保存し、「牛肉とコーンのペッパーライス」に使うほか、汁物やおかずのトッピングに使用。キャベツはざく切りにして冷凍用保存袋に入れて冷凍庫へ。汁物や炒め物に使って。卵は6～10個入りパックを購入し、余った分は昼食の丼ものやお弁当用の卵焼きに活用します。

◀万能ねぎは小口切りにしてねぎポットに入れて冷凍するか、小さめの冷凍用保存容器に入れて冷凍しても

▶半端に余った野菜はカットしてから冷凍用保存袋に入れて冷凍庫へ。調理するとき切る手間が省けるので時短に◎

作りおきおかず&
下味冷凍

4th week

下味冷凍

鶏肉のねぎみそ焼き

焼くことで香ばしくなるみその風味が魅力。
隠し味のめんつゆがポイント！

【 材料 】（2人分）

鶏もも肉 … 1枚
長ねぎ … ½本
酒、みそ … 各大さじ2
砂糖 … 小さじ2
めんつゆ（2倍濃縮）… 小さじ1
こしょう … 少々

【 作り方 】

1 鶏肉はひと口大に切る。長ねぎはみじん切りにする。

2 冷凍用保存袋にすべての材料を入れ、袋の上からよくもみ込む。空気を抜いて袋の口を閉じ、冷凍する。

▶食べるとき

3 冷凍した2は冷蔵庫で自然解凍する。フライパンにサラダ油適量（分量外）を入れて中火で熱し、2をときどき混ぜながら火が通るまで焼く。

節約memo

もも肉の代わりにむね肉を使うとより節約に。下味に酒を使うので仕上がりもやわらかくなります。

【 この料理のPoint 】

- フライパンの代わりに
  トースターやグリルで焼いても
- 冷めてもおいしいので
  お弁当にもおすすめ
- 仕上げにチーズをのせて焼くと、
  子どもも喜ぶ味に

回《ホイ》鍋《コー》肉《ロー》

たっぷり野菜とお肉が同時にとれるひと皿。
白いごはんとも相性抜群！

【材料】（2人分）

豚こま切れ肉…300g
キャベツ…⅙個
ピーマン…2個
A
- オイスターソース…大さじ2
- 酒、砂糖、みそ…各大さじ1
- しょうゆ…小さじ2
- 豆板醤《トウバンジャン》、しょうが（すりおろし）、にんにく（すりおろし）…各小さじ1

【作り方】

1 キャベツはざく切りにする。ピーマンはヘタと種を除いてひと口大に切る。

2 冷凍用保存袋に豚肉、Aを入れ、袋の上からよくもみ込む。1を加えてなじませ、空気を抜いて袋の口を閉じ、冷凍する。

▶食べるとき

3 冷凍した2は冷蔵庫で自然解凍する。フライパンにサラダ油適量（分量外）を入れて中火で熱し、2を火が通るまで炒める。

節約memo

お肉の量が少なくても、野菜をたっぷり入れることでボリュームアップに！

【この料理のPoint】

- 豚肉の代わりに鶏むね肉をそぎ切りにして使っても
- 長ねぎやにんじんなど冷蔵庫の余り野菜を加えてもOK
- ピリ辛な味つけでビールにもよく合う

豚肉のスタミナ焼き

豚肉×にんにくのパワーアップメニュー!

【 材料 】(2人分)

豚こま切れ肉…300g
にんにく…1かけ
※にんにくのすりおろしでも可。
酒、しょうゆ、はちみつ、みりん
…各大さじ1
しょうが(すりおろし)…小さじ1
塩、こしょう…各少々

【 作り方 】

1 にんにくは薄切りにする。

2 冷凍用保存袋にすべての材料を入れ、袋の上からよくもみ込む。空気を抜いて袋の口を閉じ、冷凍する。

▶食べるとき

3 冷凍した2は冷蔵庫で自然解凍する。フライパンにサラダ油適量(分量外)を入れて中火で熱し、2を火が通るまで炒める。

手羽中のはちみつオイスター焼き

下味冷凍

コクのある味つけで、手が止まらない！

【 材料 】（2～3人分）

手羽中…10～15本
オイスターソース、はちみつ
…各大さじ1
しょうゆ…小さじ2

【 作り方 】

1 冷凍用保存袋にすべての材料を入れ、袋の上からよくもみ込む。空気を抜いて袋の口を閉じ、冷凍する。

▶食べるとき

2 冷凍した1は冷蔵庫で自然解凍する。フライパンにサラダ油適量（分量外）を入れて中火で熱し、1を火が通るまで両面焼く。

めかじきのカレーソテー

たんぱくな白身魚をしっかりした味つけで！

【 材料 】（2～3人分）

めかじき…2～3切れ
玉ねぎ…½個
しょうゆ…大さじ2
オリーブオイル、
　酒…各大さじ1
カレー粉…小さじ1
塩、こしょう…各少々

【 作り方 】

1 玉ねぎは薄切りにする。

2 冷凍用保存袋にめかじき以外のすべての材料を入れ、袋の上からよく混ぜる。めかじきを加えてなじませ、空気を抜いて袋の口を閉じ、冷凍する。

▶食べるとき

3 冷凍した2は冷蔵庫で自然解凍する。フライパンに2を入れ、中火で両面火が通るまで焼く。

冷蔵保存

はんぺんバーグ

ふわふわなハンバーグはお弁当にも大活躍！

【 材料 】（8個分）

はんぺん…2枚
鶏ひき肉…100g
万能ねぎ…2本
片栗粉、マヨネーズ
…各大さじ1
しょうゆ…小さじ2

【 作り方 】

1 万能ねぎを小口切りにする。

2 ボウルにすべての材料を入れ、はんぺんをつぶしながらよく混ぜる。8等分にし、1個ずつ平たい円形にまとめる。

3 フライパンにサラダ油適量（分量外）を中火で熱し、2を焼く。焼き色がついたら裏返し、ふたをして弱火で7〜8分蒸し焼きにする。

えびのハーブ焼き

マリネしてから焼くので、臭みが気にならない！

【 材料 】(作りやすい分量)

えび…300g
オリーブオイル…大さじ1
にんにく(すりおろし)…小さじ1
塩、ドライバジル…各小さじ½
こしょう…少々

【 作り方 】

1 えびは殻をむいて背わたを除く。

2 ボウルにすべての材料を入れて混ぜ、10分ほどおく。

3 フライパンに2を入れて中火にかけ、火が通るまで両面焼く。

さばと里芋の煮物

ホクホクした里芋の味にほっとします！

【 材料 】(作りやすい分量)

さば缶(水煮)… 1缶(190g)
里芋 … 5〜6個(約500g)
水 …200mℓ
酒、砂糖、しょうゆ … 各大さじ2
みそ … 大さじ1
顆粒和風だし … 小さじ1
しょうが(すりおろし)… 少々

【 作り方 】

1 里芋は皮をむき、大きければ2〜4つに切る。さばは缶汁をきる。

2 鍋にすべての材料を入れ、強火にかける。煮立ったらアルミホイルで落としぶたをし、弱火で15分ほど煮る。落としぶたを外して中火でさらに5分ほど煮る。

ツナとにんじんのサラダ

冷蔵保存

たっぷり野菜をツナと組み合わせて食べやすい副菜に。
酸味の効いたさっぱりした味わいが魅力！

【材料】（作りやすい分量）

ツナ缶（油漬け）… 1缶（70g）
にんじん … 1本
トマト … 1個
玉ねぎ … ½個
酢 … 大さじ2
オリーブオイル … 大さじ1
塩 … ふたつまみ
こしょう … 少々

【作り方】

1 ツナは缶汁をきる。にんじんは5cm長さの細切りにする。トマトは1cm角に切る。玉ねぎは薄切りにして耐熱容器に入れ、ふんわりとラップをして電子レンジ（600W）で1分加熱する。

2 保存容器にすべての材料を入れ、よく混ぜる。

節約memo

リーズナブルで長持ちし、調理時間を短縮できる缶詰は、最強の節約食材。積極的に活用を。

【この料理のPoint】

- 生の玉ねぎは軽くレンチンして、子どもも食べやすいよう工夫
- 酢を使った作りおきおかずは、日持ちするのが特徴

ブロッコリーとベーコンのガーリック炒め

ベーコンの旨みを吸ったブロッコリーが美味！

【 材料 】（作りやすい分量）

ブロッコリー… 1株
スライスベーコン … 3枚
オリーブオイル … 大さじ2
にんにく（すりおろし）… 小さじ2
塩 … 小さじ½
こしょう … 少々

【 作り方 】

1 ブロッコリーは小房に分けて耐熱容器に入れ、水大さじ2（分量外）をかけ、ふんわりとラップをして電子レンジ（600W）で2分加熱する。ベーコンは1.5cm幅に切る。

2 フライパンにオリーブオイル、にんにくを入れて弱火にかける。香りが立ったらベーコンを加え、中火で炒める。カリッとなったらブロッコリーを加え、塩、こしょうで味をととのえる。

ツナキャベ

シンプルで食べやすい野菜おかず。

【 材料 】（作りやすい分量）
ツナ缶（油漬け）… 1缶（70g）
キャベツ … ⅙個
しょうゆ、みりん … 各大さじ1
ごま油、砂糖 … 各小さじ1

【 作り方 】
1 ツナは缶汁をきる。キャベツはせん切りにする。

2 耐熱容器に1を入れ、ふんわりとラップをして電子レンジ（600W）で30秒加熱する。

3 保存容器にすべての材料を入れ、よく混ぜる。

大根のにんにくしょうゆ煮

作りおきで大根が味しみしみに！

【 材料 】（作りやすい分量）
大根 … ⅓本
水 … 200mℓ
しょうゆ … 大さじ3
酒、みりん … 各大さじ2
ごま油、砂糖 … 各大さじ1
にんにく（すりおろし）… 小さじ1

【 作り方 】
1 大根は2㎝厚さの半月形に切る。

2 鍋にすべての材料を入れ、強火にかける。煮立ったら中火にし、大根に竹串がすーっと通るくらいやわらかくなるまで煮る。

カルボナーラ風ポテサラ

いつもとはアレンジを変えて、子どもも喜ぶ味に！

【 材料 】（作りやすい分量）

じゃがいも … 中4個
スライスベーコン … 5枚
ゆで卵 … 2個
マヨネーズ … 大さじ4
粉チーズ … 大さじ2
にんにく（すりおろし）
　… 小さじ1
塩 … ふたつまみ
こしょう … 少々

【 作り方 】

1 じゃがいもは濡《ぬ》れたペーパータオルで包み、さらにラップで包んで電子レンジ（600W）で3分加熱する。上下を返し、電子レンジでさらに4分加熱する。取り出してそのまま5分ほどおいて蒸らしたら、皮をむいてボウルに入れる。

2 ベーコンは1.5㎝幅に切る。ゆで卵は殻をむく。

3 1のボウルにすべての材料を入れ、フォークの背でじゃがいもとゆで卵をつぶしながらよく混ぜる。器に盛り、好みで粗挽き黒こしょう少々（分量外）をふる。

冷蔵保存

たけのことピーマンのオイスター炒め

しっかりした味つけでごはんがすすむ！

【 材料 】（作りやすい分量）

たけのこ（水煮）…100g
ピーマン…5個

A
- オイスターソース、酒 …各大さじ1
- 砂糖、しょうゆ …各小さじ1

【 作り方 】

1 たけのこはひと口大に切る。ピーマンはヘタと種を除いてひと口大に切る。

2 フライパンにごま油適量（分量外）を入れて中火で熱し、1を炒める。ピーマンがしんなりしたらAを加え、さっと炒める。

✔ column 04

ホットケーキミックスで お手軽！ 手作りおやつ

型は「ダイソー」で購入したシリコン製のものを使用しています。好きな形で作ってみてください。

ミニチョコケーキ

かわいい形で作ると子ども大喜び！

【 材料 】(直径7cmの星型12個分)

ホットケーキミックス
…200g
板チョコレート(ミルク・ホワイト)
…各1枚(各50g)
卵…1個
牛乳…150mℓ

【 作り方 】

1 ボウルにホットケーキミックス、卵、牛乳を入れ、泡立て器でよく混ぜる。

2 型にサラダ油適量(分量外)を薄く塗り、1を流し入れる。180℃に予熱したオーブンで20分ほど焼く。

3 型から取り出し、網などにのせて冷ます。型はもう一度使うので、洗って水気を拭いておく。

4 小さめのボウル2個に手で小さく割ったチョコレートをそれぞれ入れ、湯せんにかけて溶かす。

5 3の型に4を流し入れ、チョコレートが固まらないうちに3の生地を戻す。ラップをして冷蔵庫で1時間以上冷やし固める。

余りがちなホットケーキミックスを
フル活用したおやつレシピを紹介します。
粉をふるう必要もなく、
材料も少なくて済むのでとっても簡単！

ふわふわチュロス

ポリ袋でこねるだけだから簡単！

【 材料 】（15本分）

ホットケーキミックス…150g
豆腐（絹ごし）…50g
卵…½個
バター…20g
塩…少々
グラニュー糖…適量

【 作り方 】

1 耐熱容器にバターを入れ、ラップをせずに電子レンジ（600W）で10秒加熱する。

2 ポリ袋にホットケーキミックス、卵、豆腐、塩、1を入れ、袋の上から均一になるまでよくもむ。

3 口金をつけた絞り袋に2を入れ、クッキングシートに10cm長さに絞り出す。

4 フライパンに揚げ油適量（分量外）を入れて160～170℃に熱し、3をクッキングシートごと入れる。
※クッキングシートは生地が離れたらすぐに取り除く。

5 ときどき返しながらきつね色になるまで2～3分揚げる。取り出して油をきってバットなどに並べる。熱いうちにグラニュー糖をまぶす。

焦げやすいので低温の油で揚げましょう。グラニュー糖は揚げたての方がチュロスにつきやすいです。

チョコレートはホワイトやビターなど好みのもので大丈夫。食べる直前に温め直してもおいしい！

ザクザクチョコスコーン

ザックリ割ったチョコの食感が楽しい！

【 材料 】（8個分）

ホットケーキミックス…200g
板チョコレート（ミルク）
…1枚（50g）
バター…50g
牛乳…40mℓ

【 作り方 】

1 耐熱容器にバターを入れ、ラップをせずに電子レンジ（600W）で20秒加熱する。

2 ポリ袋にホットケーキミックス、バター、牛乳を入れ、袋の上から均一になるまでよくもむ。

3 2に適当な大きさに割ったチョコレートを加え、軽く混ぜる。

4 3の生地をポリ袋から取り出し、オーブンシートを敷いたまな板の上にのせる。手で伸ばして直径10cmの円形にととのえる。放射状に8等分に切る。

5 オーブンシートを敷いた天板に並べ、170℃に予熱したオーブンで20分ほど焼く。

しっとりバナナケーキ

素朴で飽きのこない味わい！

【 材料 】

（12×20×高さ6㎝のパウンド型1台分）

ホットケーキミックス…150g

卵…1個

バナナ…2本

砂糖…50g

バター…30g

【 作り方 】

1 耐熱容器にバターを入れ、ラップをせずに電子レンジ（600W）で20秒加熱する。

2 ポリ袋にすべての材料を入れ、袋の上から均一になるまでよくもむ。

3 型に2を入れ、表面を平らにならし、180℃に予熱したオーブンで40分ほど焼く。真ん中に竹串を刺し、生っぽい生地がついてこなければ取り出して粗熱を取る。

バナナは購入したてより、少し皮が黒ずんで完熟した状態のものがおすすめ。朝食として食べても。

食材別INDEX

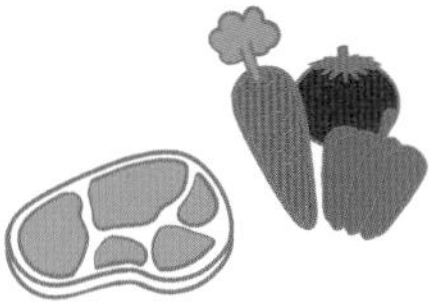

【 粉・ごはん・パン・麺類 】

【 卵・乳製品 】

STAFF

デザイン／
細山田光宣、藤井保奈（細山田デザイン事務所）
撮影／難波雄史
スタイリング／大谷優依、官野亜海
調理アシスタント／冨澤のぞみ
器協力／UTUWA
イラスト／カフェモカ
校正／玄冬書林
編集協力／斉田麻理子（KWC）
制作／浦城朋子・星 一枝・斉藤陽子
販売／椎名靖子
宣伝／野中千織
編集／戸沼侚子

スッキリ家事でお金を貯める！ 2
ののこの節約 作りおきレシピ

2021年3月15日　初版第1刷発行

著者　ののこ
発行者　小澤洋美
発行所　株式会社　小学館
〒101-8001　東京都千代田区一ツ橋2-3-1
電話　（編集）03-3230-5125
（販売）03-5281-3555
印刷所　共同印刷株式会社
製本所　株式会社若林製本工場

ISBN978-4-09-310676-4

ののこ

インスタグラマー。神奈川県在住。シングルマザーを経て現在の夫と再婚。年の離れた子ども2人を含む4人家族。夫の借金が発覚したのをきっかけに家計管理をスタートし、ファイナンシャルプランナー3級を取得。料理をはじめ掃除や整理・整頓など暮らしの中で工夫しながら節約する様子をつづったインスタグラムが人気を集める。フォロワー数は2021年1月現在、30万人以上。著書に『スッキリ家事でお金を貯める！』（小学館刊）がある。

Instagram
nonoko_16

節約術・家計管理のブログ
https://nonoko-life.com

Amebaオフィシャルブログ
https://ameblo.jp/nonoko16/

※本書に記載されている情報は、2021年1月現在のものです。本書で紹介している商品や著者の私物に関しては、現在、販売していないものもございます。また、紹介しているサービスの仕様は変更になる場合もございます。あらかじめご了承ください。